中国少数民族人口丛书

U0935110

布依族

翟振武 主编

罗 剑/著

中国人口出版社
China Population Publishing House
全国百佳出版单位

图书在版编目（CIP）数据

布依族/罗剑著．—北京：中国人口出版社，2013.6（2022.7重印）
（中国少数民族人口丛书）
ISBN 978-7-5101-1829-6

Ⅰ.①布… Ⅱ.①罗… Ⅲ.①布依族—民族文化—中国
Ⅳ.①K286.8

中国版本图书馆 CIP 数据核字（2013）第 126790 号

中国少数民族人口丛书　布依族

ZHONGGUO SHAOSHU MINZU RENKOU CONGSHU　BUYIZU

翟振武　主编　罗　剑　著

责任编辑　魏小玲
美术编辑　刘海刚
责任印制　林　鑫　王艳如
出版发行　中国人口出版社
印　　刷　北京兴星伟业印刷有限公司
开　　本　710 毫米 ×1000 毫米　1/16
印　　张　12.5　插 1
字　　数　167 千字
版　　次　2013 年’月第 1 版
印　　次　2022 年 7 月第 2 次印刷
书　　号　ISBN 978-7-5101-1829-6
定　　价　45.00 元

网　　址　www.rkcbs.com.cn
电子信箱　rkcbs@126.com
总编室电话　(010) 83519392
发行部电话　(010) 83510481
传　　真　(010) 83538190
地　　址　北京市西城区广安门南街 80 号中加大厦
邮　　编　100054

版权所有　侵权必究　　质量问题　随时退换

中国少数民族人口丛书编委会

主　　任　　李　斌

编　　委　　勾清明　王培安　崔　丽　陈　立

序

如果把一个民族比作一颗星星，那我们就是生活在一个繁星满天的世界。当今世界上有约 3000 个民族，分布在 200 多个国家和地区，绝大多数国家由多个民族组成。中国也是同样，是由各族人民共同缔造的统一的多民族国家。在漫漫的历史长河中，生活在中华大地上的各族人民密切往来、交流融合、团结奋斗、休戚与共，形成了一个伟大的强盛的中华民族大家庭，共同开发了祖国的美好河山，共同推动了国家的发展和社会的进步。

在中华民族的大家庭中，有 56 个成员，其中有 55 个是少数民族。新中国成立以来，少数民族人口一直持续增长。1953 年第一次全国人口普查时，少数民族人口总数为 3532 万人，占全国总人口的 6.1%。2010 年进行第六次全国人口普查时，少数民族人口总量达到了 1.14 亿，几乎是 1953 年的 3 倍，占到了全国 13.4 亿人口的 8.5%。各少数民族人口数量相差较大，如壮族有 1693 万人，回族 1059 万人，满族 1039 万人，维吾尔族 1007 万人，而赫哲族只有 5354 人，塔塔尔族 3556 人，独龙族 6930 人。中国各民族的人口分布呈现大散居、小聚居、交错杂居的特点。汉族地区有少数民族聚居，少数民族地区也有汉族居住；许多少数民族既有一块或几块聚居区，又散居全国各地。中国少数民族聚居区大都地广人稀，资源富集。少数民族地区的草原面积，森林和水力资源蕴藏量，以及天然气等基础储量，均超过或接近全国的一半。全国2.2万多公里陆地边界线中的1.9万公里在民族地区。全国的国家级自然保护区面积中民族地区占到85%以上，是国家的重要生态屏障。中国各民族的起源和经济、社会、文化的发展有着本土性、多元性、多样性的特点，五彩缤纷，丰富多彩。

要全面认识中华民族，就要从认识每一个民族开始。正是从这个理念出发，我们编写了这套《中国少数民族人口》大型系列丛书，力图从历史、文化、经济、社会等各个方面，用准确、科学、生动的语言，全方位描述和展现各少数民族灿烂辉煌的历史和现状，编织出一幅绚丽多彩的中华民族大家庭的“全家福”。

编写这样一套大型系列丛书，难度非同一般。几经论证和深入研讨，最终形成了编写大纲，这套丛书各个分卷的作者绝大多数由少数民族作家担任，他们不仅熟悉自己民族的历史和文化，而且对本民族有深厚的感情。在国家新闻出版总署、国家人口计生委和中国人口出版社的大力支持下，作者们历经数年，几易其稿，终成此书。值此丛书出版之际，我们衷心地祈愿这幅“全家福”能为民族的交流和团结，为中国的文化建设，为整个中华民族的繁荣昌盛，作出一份微薄的贡献。

翟振武

2012年5月于北京

PREFACE

Every nationality sparkles like a star in the firmament. Now we have about 3000 stars distributed across the world in more than 200 countries, most of which are multinational. So is China, which consists of a number of nationalities. For centuries, all the nationalities have lived together, worked together and fought together, making China a prosperous unified multinational country.

Of all the 56 nationalities in China, 55 are minorities whose population has been increasing since the founding of The People's Republic of China. According to the first census in 1953, the minority population was about 35.32 million, accounting for 6.1 percent of China's total population. By 2010, the number had almost tripled. According to the sixth census, the population of the minorities amounted to 114 million, making up 8.5 percent of the 1.34 billion people in China. The population size of minority groups varies a lot. Some of them have a large population, for example, the Zhuang Nationality has a population of 16.93 million; the Hui has 10.59 million people and the Manchu consists of 10.39 million people. Some of the minorities are quite small, such as the Hezhe, the Tatar and the Drung nationalities, which have populations of 5354, 3556 and 6930, respectively. China's nationalities live together over vast areas with some living in individual, concentrated communities in small areas.

Some minorities'concentrated communities are scattered among the Hans, and some Han people also live in the minority communities. Some minorities may have one or more concentrated communities, while their people spread all over the country. Most minorities'concentrated communities have their people sparsely distributed in large areas with abundant resources. The grassland, forest, water and natural gas reserves in areas inhabited by minority people account for about half of China's total. Further, 19 000 kilometers of the nation's 22 000-kilometer land boundary are in minorities'communities. In addition, 85 percent of the country's state-level natural reserves are in the minority areas, making the people important guardians of China's ecology. Each of the nationalities'origin is unique, and their development of economy, society and culture is full of variety.

Only by learning every aspect of the minorities'lifestyle can we have a comprehensive understanding of the Chinese nation. Under this notion, we write this series of books on the Population of China's Minorities to provide a detailed picture of our Chinese nation, with the glorious past and prosperous present of the country's minorities.

It is through trials and tribulations that we write this spectacular series of books. Most of the authors, who have profound knowledge of the minorities and wrote the books with their strong emotions, are members of minority groups. With the great support of the National Publication Foundation, the National Population and Family Planning Commission and China Population Publishing House, the authors completed the books after years of unremitting endeavor.

On the publication of this series of books, we are looking forward to seeing these books contribute to the unity of the Chinese nation and help our country flourish in the future.

Zhenwu Zhai
Beijing
May 2012

目录

综　述　…………………………………………………………… 1

第一章　山高水长 ………………………………………………… 7

第一节　牂牁江的涛声 ………………………………………… 7

第二节　南北盘江的倩影……………………………………… 10

第三节　高原水乡 …………………………………………… 13

第四节　民族的脊梁 ………………………………………… 17

第五节　“西南大儒”——莫友芝 ……………………………… 24

第二章　流淌的情调 ……………………………………………… 28

第一节　大房大屋好唱歌……………………………………… 28

第二节　诗乡歌海 …………………………………………… 32

第三节　男耕女织 …………………………………………… 34

第四节　行走的“格子花”……………………………………… 40

第五节　五色花米饭　多彩的生活 …………………………… 44

第三章　山水精神　田园韵味 …………………………… 48

第一节　天人合一的交响 …………………………… 48

第二节　人神亲和的乐章 …………………………… 51

第三节　山与水的协奏 ……………………………… 57

第四节　束发读汉书 ………………………………… 63

第四章　民族魂　山水情 …………………………… 66

第一节　流淌岁月的文化根脉 ……………………… 66

第二节　布依的为人处世 …………………………… 73

第三节　农耕民族的人生仪礼 ……………………… 76

第四节　心灵世界 …………………………………… 89

第五节　多彩的节日 ………………………………… 96

第五章　薪火相传　波光闪耀 ……………………… 109

第一节　潮起潮落 …………………………………… 109

第二节　生生不息 …………………………………… 114

第三节　江山多娇 …………………………………… 122

第四节　走出大山　放飞梦想 ……………………… 125

第六章　山水人家　田园本色 ……………………… 128

第一节　布依人的家庭 ……………………………… 128

第二节　家风与家规 ………………………………… 134

第三节　家族的威望 ………………………………… 139

第四节　从宗族议事到议榔制 ……………………… 144

第七章 农耕经济 世纪高原 …………………………… 148
第一节 发达的稻作农耕经济 …………………………… 148
第二节 辉煌的手工纺织业 …………………………… 152
第三节 现代农业的发展 …………………………… 155
第四节 四通八达致富路 …………………………… 159
第五节 科技之光 …………………………… 168

尾 声 风生水起 …………………………… 175
参考文献 …………………………… 180
后 记 …………………………… 183

Contents

Summary 1

Chapter I Origin and History of Bouyei Nationality 7

Section I An Ancient Natioanlity 7

Section II Ancestors of Bouyei Nationality 10

Section III Beautiful Landscape of Bouyei's Homeland 13

Section IV Getting Stronger after Enduring Hardships 17

Section V A Great Bouyei Scholar 24

Chapter II National Characteristics 28

Section I Architecture and Buildings 28

Section II A Nationality Skills in Singing 32

Section III Handicrafts of Bouyei People 34

Section IV Traditional Costume 40

Section V Traditional Cuisine 44

Chapter III Culture of Bouyei Nationality …… 48

Section I A Blithe Nationality …… 48

Section II Beliefs and Rituals …… 51

Section III Folk Art and Folk Songs …… 57

Section IV Open to Han Culture …… 63

Chapter IV Customs and Festivals …… 66

Section I A Unique Language …… 66

Section II Traditional Virtues of Bouyei Nationality …… 73

Section III Rituals and Ceremonies …… 76

Section IV Religion and Taboos …… 89

Section V Various Festivals …… 96

Chapter V Population Change of Bouyei Nationality …… 109

Section I Population and Migration before the Foundation of PRC …… 109

Section II Population Change after the Foundation of PRC …… 114

Section III Development of Education …… 122

Section IV Bouyei's Migrants …… 125

Chapter VI Family and Clan …… 128

Section I Bouyei's Family …… 128

Section II Domestic Discipline and Family Rules …… 134

Section III Patriarchal Clan System …… 139

Section IV Demographic System …… 144

Chapter VII Economic Development of Bouyei Nationality …… 148
Section I Well-developed Rice Planting …… 148
Section II The Great Textile Industry …… 152
Section III Development of Modern Agriculture …… 155
Section IV Transportation and Trade …… 159
Section V Traditional Technology and Medicine …… 168

Postscript A Vigorous Nationality …… 175
References …… 180
Epilog …… 183

综　述

明朝开国元勋刘伯温诗曰："江南千条水，云贵万重山。"

云贵高原，群山耸峙，万壑纵横，河流密布。这里自然条件复杂，地质地貌独特，生态类型多样，是世界上规模最大的喀斯特地区。在它的河谷、坝子、丘陵地带，悠悠青山、层层梯田间，生活着一个像水一样的朴实、水一样的沉静、水一样的透明、水一样的温柔敦厚的民族，她就是布依族。

布依族是我国一个人口较多的少数民族，据国务院人口普查办公室、国家统计局人口与就业统计司编《中国2010年人口普查资料》显示，2010年，全国布依族总人口为287万人，其中男性为145.57万人、女性为141.43万人，在18个百万以上人口的少数民族中居第11位。主要居住在贵州，人口251万，占布依族总人口的87.46%。集中聚居在黔南布依族苗族自治州、黔西南布依族苗族自治州、安顺市、贵阳市、六盘水市、毕节市、遵义市、铜仁市、黔东南苗族侗族自治州等地，其余的分布在云南、四川、广东、浙江、江苏五省和广西壮族自治区等地区。贵州、云南和四川三省的布依族为世居民族。

布依族历史悠久，自古居住在云贵高原的南北盘江、红水河流域及其以北的地区，是贵州的世居民族之一。布依族最早的祖先可以追溯到旧石器时代的水城人、穿洞人、猫猫洞人以及飞虎山新石器时代的人类等。近年来，通过对贵州出土文物的分析，专家们认为，在布依族的分布区内，目前贵州已发掘的旧石器时代文化遗址水城人、穿洞人、猫猫洞人，其文化特征与安龙观音洞古文化、七星洞文化相同，而且六枝的桃花洞、盘县的大洞、惠水的清水苑大洞、广顺的神仙洞等也都有类似的石器出土。同样，在布依族地区飞虎山新石器时代文化遗址中发掘出的肩石斧、段石锛、石越和几何印陶纹等，在贵州省其他地区考古发掘中也都有为数众多的发现，它们都具有江南出土石器的特点，属典型的古越人文化特征。这说明现今布依族聚居区内与江南一带有着同样类型的文化遗存，布依族作为越人的后裔，其先民与这些文化的创造有直接的关系。

布依族是“百越”的后裔，其先民是西南地区的越人，也属西南夷的一个主要部分。历史上，“百越”、“西南夷”都是泛称。秦汉时期，黄河流域称为中原，长江以南称为越（粤）地，越地的人们总称为“越人”，蜀郡西南，即今川西南、云南、贵州及广西的各民族称为“西南夷”。春秋时期，包括布依族先民在内的越人建立牂牁、不庚两国。后夜郎取代了牂牁，不庚分为且兰和毋敛。夜郎国时，越人与濮人融合形成单一的民族濮越。故有些汉文献用“骆越”、“夷越”、“濮越”来称谓西南地区的越人。魏晋以后，在汉文献史籍中，濮越（夷越）的称谓被“俚僚”的称谓取代。唐宋时期，“俚僚”被称为“蕃蛮”。元代，被称为“仲家蛮”、“仲家”。明清时期，除了“仲家”的称谓外，布依族还被称为“仲苗”、“夷家”、“夷族”、“侬家”、“龙家”、“土人”、“水家”等。

新中国成立后，通过民族识别工作，1953 年 8 月 24 日，贵州省人民政府邀请全省的布依族代表在省民委召开“仲家（布依族）更正民族名称会议”，讨论通过使用“布依”这一民族自称的称谓作为族称，并经国务院批准，统一命名为布依族。

布依，这个水一样静静流淌的民族，在历史的发展长河中，正如一条河流经不同的河段都有其不同的称谓。但无论称谓如何变化，水一样温柔敦厚的性情，作为一个民族的性格和文化精神始终没有变化。而且历史上这么多的不同称谓，其实变化的都是他者对布依称谓的改变，作为布依族的自称“濮越”——“布依”却始终没有更改过。

民族文化学者认为：流衍大化，百越的很多支系都有了巨大的改变，唯一忠实地继承了“百越”这个族称的，就是布依。

布依，这个水一样温柔敦厚的民族，总是以秉承农耕文明始终如一的温和性情，保持着一种厚道与温文尔雅。水一样的民族，总是以稻谷寻找耕地的文化方式发展着、进步着，总是和平地、默默地，像春雨润物悄无声息地坚守阳光下的家园。

布依，这个水一样静静流淌的民族，就这样以其独特的方式生活在贵州高原的山水田园之间，而这些恰恰是贵州高原最美丽的地方，譬如，黄果树、花溪、龙宫、红枫湖、万峰林、马岭河、双乳峰、茂兰等。

黄果树瀑布　（花建敏摄）

布依族是开放的民族，是善于学习的民族。

据史书记载，布依族与汉文化的交流学习已有 2000 多年的历史。早在秦汉时期，中原的汉族就已经与在夜郎地区的布依族先民发生经济和文化上的交往。大约在公元前 1 世纪末期，夜郎国灭，中央王朝开始在这一地区推行郡县制。之后，中原汉族的道德观念、封建礼教及封建政治制度也开始逐步渗入布依族传统文化中。随着历代封建王朝对布依族地区政治统治的不断加强，以及汉族移民的大量迁入，汉文化在布依族地区的传播范围愈加广泛，对布依族的影响也更加深刻。

由于受汉文化影响较早，特别是明清时期可以参加科举考试，布依族更重视学习汉文化，重儒学。历史上，布依族不少村寨都办有私塾，设有学馆等。儒学书院、学馆和私塾在布依族村寨的兴起，促成了布依文化与汉文化的有机融合，形成了布依族独特的耕读文化。读书在布依人中已和农耕一样重要，布依人家世代以耕读为本，注重研习、传播汉文化和汉字书法，积极吸收汉文化的优秀成果。布依族男子束发读汉书，慨然慕循吏，通过熟读儒学经典，通常都能写诗、填词、作对。布依族中出现了许多用汉语写作的学者和作家，如被称为“西南大儒”的莫友芝父子、兴义府文举人王绩康等。

随着社会的变迁发展，在漫长的历史发展过程中，布依族逐渐形成了以热爱祖国、维护统一的爱国精神；以物我合一、人神亲和的哲学理念；以亲人善邻、热情好客的处世原则；以尊师重德，秉公尚义，为人谦和，耕读传家，子孝孙贤的人生追求为主要内容的民族传统文化。这一重要的民族传统文化内涵，对近代布依族整体民族素质和人格力量的形成，都有着重大而深远的影响。

布依族是生活在歌声中的民族，生礼死赞，生死都在歌声中。

民歌是布依族文化的精华，民族的族源、历史、生产技能、生活习俗等都是通过民歌传唱下来的。布依族民歌浩如烟海，歌声优美，

曲调繁多，特色浓郁。布依族自古就有“无事不成歌”之说，故布依族聚居的地区向来被人称作“诗乡歌海”，歌谣内容之丰富，令人惊叹。种类有古歌、叙事歌、情歌、酒歌和劳动歌等；形式有独唱、对唱、齐唱、重唱、说唱等；曲调有大调、小调、大歌调、小歌调、明歌调、土歌调等。每逢喜庆节日，歌声昼夜不停。布依人喜欢唱歌，各地民歌曲调不尽相同，同一地区的民歌，也因歌词内容、演唱场合和歌唱方式的不同而有不同的曲调，呈现百花齐放、各具特色的特点。唱遍祖国大江南北的《好花红》、《桂花开放幸福来》、《久不唱歌忘记歌》等歌曲，就是在布依族民歌的基础上编创的。布依族八音坐唱更是以悠远的古韵让人难以忘怀。

布依族是个心灵手巧的民族。蜡染和刺绣闻名全国，著名的布依布因质地优良，历来就有“盛水不漏”之说，有着较高的声誉。作为一个勤于耕织的民族，布依族的纺织历史悠久。宋元时期，布依布还作为朝廷的贡品。根据《元史·泰定帝本纪》记载：“致和元年，安隆寨（今安龙县）土官岑世忠籍其民三万二千户来附，岁输布三千匹。”“泰定三年，八蕃（今惠水县）岩霞洞蛮来降，愿岁输布二千五百匹。”（《续文献通考》土贡一）（清）《安顺府志》载：“仲家……善织布用以为衣。”透过厚重的历史，我们可以清晰地看到，历史上特别是清朝光绪年间，在布依族人聚居的兴义、兴仁、安顺、独山、荔波、册亨等地，纷纷出现这样一道盛景：在一个个村落、一个个城镇里，同时拥挤着数千架纺织机、数千人；每个人家院落、每条街道里巷都有纺织者；唧唧复唧唧，男女当户织，家家都趁着月光纺到深夜。据说一百多年前的贵州高原，凡有布依族人生活的地方，成年累月、朝朝暮暮都在回响着这样一种经久不息的织机之声。

布依，一个悠远的古代民族的沉影。

一个开放的民族。

一个善于学习的民族。

一个水一样的民族。

第一章

山高水长

布依族先民是生活在云贵高原的一个古老民族。自古以来就生息、繁衍在牂牁江流域，即今天乌江流域以南、北盘江、南盘江、红水河、都柳江等广大地区。古老的牂牁江是布依族文化的发源地，那滔滔奔流的江水哺育着一代又一代的布依人。世世代代生活在山水田园之间的布依人，在悠久的历史发展过程中，用他们勤劳的双手和聪明的智慧，创造了具有本民族鲜明特色的丰富灿烂的民族文化和光荣历史，为中华民族文化的发展作出了积极的贡献。

第一节　牂牁江的涛声

牂牁江，这条古老的、历史的河，静静地流淌在一个民族挥之不去的记忆中。

尽管至今对牂牁江的考证，学界众说不一，有人认为牂牁江是贵州之乌江，有人认为是贵州境内之北盘江和南盘江，也有人认为是广西之红水河等。但是，牂牁江作为布依族先民的生息繁衍之地却没有异议。而乌江流域以南、南盘江、北盘江及红水河流域以北，这一广大区域正是布依族人口较为稠密的地区。布依族先民在这片土地上生息繁衍已经有四五千年的历史了。

布依族是“百越”的后裔，其先民是西南地区的越人，也属西南夷的一个主要部分。历史上，“百越”、“西南夷”都是泛称。秦汉时期，黄河流域称为中原；长江以南称为越（粤）地，将越地的人们总称为“越人”；将蜀郡西南，即今川西、川南、云南、贵州及广西的各民族称为“西南夷”。故布依族先民，既被称为夷，又被称为越。而越人亦种类繁多，有“百越”之说。早在殷商时期，就已有大量古越人活动在我国长江以南的广大地区，两千多年前的周代，百越就以瓯邓、桂国、损子、产里、九菌等名载于古籍。之后的百越，包括东越、闽越、于越、句越、瓯越、南越、骆越、夷越、山越等分支，如大河小溪，连接不断，可谓纵横交错。古越人的分布地域，据史学家的考证：“殆环踞中国西南各省，如川、黔、桂……而东循滨海各地，如广东、福建、浙江等省，更亘于皖、赣、鄂之交，盖不啻为中国南海东海所环抱一弧形区域焉。”① 西南地区的越人主要是骆越和夷越。他们与同属“西南夷”的各民族共同居住在四川、贵州、云南，以及广西西部等地的广大区域。

春秋时期，布依族先民越人在西南地区建立了牂牁、不庚等国。据《异物志》记载：“（牂牁国）处牂牁江上，因以江名国。”“俗人谓之越王牂牁。”牂牁国的统治者称“越王”，所以冠之以“越王牂牁”。《管子·小匡》亦曰：“余（齐桓公）乘车之会三，兵车之会六，九合诸侯，一匡天下。北至于孤竹、山戎、秽貉，拘秦夏。西至流沙西虞。南至吴、越、巴、牂牁、不庚、雕题、黑齿、荆夷之国。”尹知章注曰：吴、越、巴、牂牁、不庚、雕题、黑齿、荆夷“皆南夷之国号也”。牂牁约在今贵州、云南等地。这说明春秋时期已有的牂牁、不

---

① 罗香林．古代百越分布考详．南方民族史论文选集．中南民族学院民族研究所资料室编印．

庚，是与吴、越、巴、荆等春秋大国并立的南方两个较大的古国，并且同中原的齐国已经建立了联系。

春秋之后，牂牁国衰，其国中夜郎部落兴起，并取代了牂牁。在牂牁被夜郎取代的同时，不庚也分裂为且兰和毋敛。西汉末年，夜郎国灭，汉王朝在原牂牁、夜郎地区设置牂牁郡。至此，布依族地区进入中原王朝的统治范围。牂牁郡领辖 17 个县：鳖、平夷、谈稿、宛温、谈指、无单、漏卧、勾町、同并、都梦、进桑、西隋、且兰、夜郎、漏江、谭封、毋敛。除鳖、无单、漏卧、都梦、进桑、漏江 6 县以外，都是今布依族的分布区。

汉灭夜郎后，为什么仍以牂牁而不是以夜郎作为郡名？这说明之前以越人为主体的牂牁还是比较大的古国，后虽国势衰微被夜郎取代，但其影响并没有完全消失。对此，清代著名的布依族史学家莫与俦在《南齐以上地理考》中有翔实考证："（牂牁）其国当自巴以西南并夜郎及以南之地，几与南越接，故《史记》、《汉书》并云：'道西北牂牁江，江广数里。'此言接南越之处。又云：'夜郎者，临牂牁江，江广百余步。'此言当后夜郎境中如此广远，皆得牂牁之名，其国之大可知。后虽此国渐微，他小国各雄长，而故名尚存。故置郡时，以最大之夜郎而不以名郡，亦以牂牁又古最大之国耳。"①

布依族的名称源于夜郎时期，黄义仁在《布依族史》一书中认为，夜郎国末期，布依族先民越人，经过夜郎时代，与濮人融合形成单一的民族"濮越"。而之前的濮人可能自称为"濮"，越人自称为"越"，二者合一而自称为"濮越"，即成布依族自称的开始。今天的布依族把濮人和越人的文化特征同时继承下来。②"濮"、"布"在布依语中是"人"或"族"的意思，"越"、"依"、"夷"音相近，是布依族先民对

① 伍文义．濮越人是夜郎文化的创造者．贵阳文史，2009（6）．

② 黄义仁．布依族史．贵阳：贵州民族出版社，1999：67.

自己的称谓。

汉文献史籍中对布依族的称谓，最早有骆越、夷越、牂牁、濮越等。经过几百年的发展，在与其他民族的交往融合过程中又不断演变，原来族名逐渐消失，代之以泛称僚、蛮。具体来说，汉以后，骆越、夷越、濮越逐渐在文献史籍中消失。魏晋以后，被“僚”的称谓取代。唐代称“僚”、“蛮”，如“夷僚”、“牂牁僚”、“兴古僚”、“牂牁蛮”、“谢蛮”等。宋元时代称“番”称“蛮”。《宋史》载：“诸蕃以龙氏为宗，称西南蕃主。”在各蕃中，以龙、罗、石、方、张五姓势力最大，称为“五蕃”，后来增加韦、程二蕃，称为“七蕃”。元代又增加了卢蕃，统称“八蕃”。元代，史籍出现了“仲家蛮”、“仲家”的名称。《元史》载有“栖求等处仲家蛮”，是布依族被称为“仲家”见诸史籍之始。明清时期，除了“仲家”的称谓外，布依族还被称为“仲苗”、“夷家”、“夷族”、“侬家”、“龙家”、“土人”、“土边”、“水家”、“水户”等。不同时代，布依族都有不同的称谓，但这些都是他称，不管怎么变化与不同，作为布依族的自称“濮越”——“布依”始终没有更改过。

第二节　南北盘江的倩影

今天，古老的牂牁江，涛声已经远去。

然而，南、北盘江依旧伫立着一个民族古老的倩影。

这条哺育一代又一代布依族儿女的母亲河，涛声依旧。长年累月，宛如两条飞舞的巨龙，浩浩荡荡，弯弯曲曲，将贵州西南的崇山峻岭紧紧拥抱。一路穿山切岭，犹如银蛇起舞，奔腾向前，一路吞云吐雾，气贯长虹，魂壮山川。

南、北盘江，均发源于云南曲靖市沾益县的马雄山，是珠江上游

的主要河流。南盘江发源于马雄山之南麓，向西又调头向南向东，流经云南的曲靖、罗平和黔西南州的兴义、安龙、册亨。北盘江发源于马雄山之北麓，向东向南奔流，经毕节的威宁、六盘水的盘县、安顺的关岭、镇宁和黔西南州的普安、晴隆、兴仁、贞丰、册亨和望谟。在望谟县蔗香附近，南、北盘江汇合流入红水河。其干流全长分别为914.5公里和449公里，流域分别为5.62万平方公里和2.66万平方公里，分布于云南、贵州、广西三省。其中在贵州境内，干流全长分别为162.4公里和327公里，流域面积共为2.89万平方公里，占全省国土总面积16.4%，涉及黔西南州、六盘水市、安顺市和毕节市4个州市的17个县市，即兴义、安龙、册亨、贞丰、普安、兴仁、晴隆、盘县、关岭、镇宁的全部和望谟、紫云、安顺、六枝、普定、水城、威宁的部分。由于流域面积分布广，地形复杂，地势起伏落差较大，其土壤、气候、生物种类垂直变化分布较为显著，素有“一山有四季，十里不同天”之说。

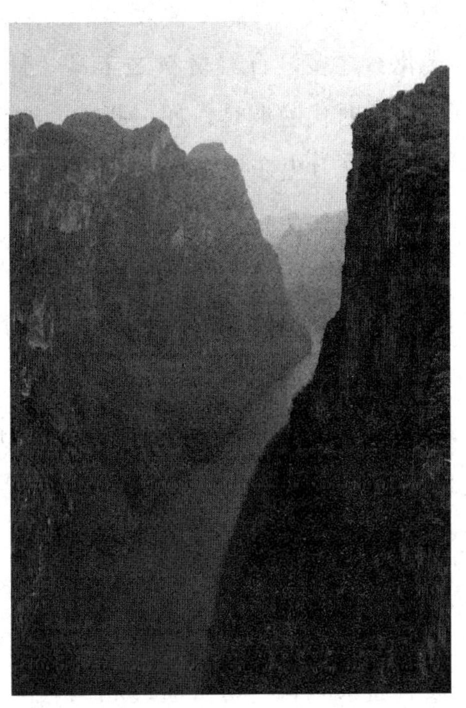

峡谷中的北盘江　（陈粤湖摄）

据统计，在南、北盘江及红水河流域，如今仍生活着200余万布依人，占布依族总人口的三分之二。这充分说明，南、北盘江及红水河流域，自古以来就是布依族居住生活的中心，是布依族最重要的发源地，是孕育布依族文化的摇篮。

在南、北盘江流域，几乎每个县都发现有史前文化遗址。多年来的考古发现，让南、北盘江流域绽放奇光异彩。在这一区域发现的旧石器时代文化，主要有：在水城特区三岔河发现的水城人及其文化、在普定县三岔河与打帮河之间发现的穿洞人及其文化、在兴义市顶效镇西南发现的猫猫洞文化、在安龙发现的观音洞古文化等。新石器时代文化主要是在平坝县发现的飞虎山文化。其中猫猫洞文化遗址出土的人类化石被考古学家定名为"兴义人"，认为"在一个遗址内出土人类化石之多，石器材料之丰富，骨器数量之大，制作之精致，在华南旧石器时代晚期是首屈一指的，在全国也十分突出"。①

兴义万屯东汉墓群出土的水塘稻田模型，是布依族地区出土的东汉时期遗存至今的稀世文物。模型为泥质灰陶，椭圆盆形、宽边、平底、浅腹、折唇，径45～46.2厘米，高8.4厘米，厚1厘米。用细砂作坯，经高温烧制而成。盆内分为两部分，一半为水塘、一半为稻田。水塘里，碧波荡漾，游鱼尾尾，在清花绿水中追逐嬉戏。一株鲜艳的荷花，露出水面，绿油油的荷叶，摊睡在水面。透过清澈的池水，可见即将丰收的菱藕。模型布局虽简单而不呆板，给人以清新之感。稻田分成四大块，块块有通水缺口，是一种理想的灌溉设想。田中稻菽排得整整齐齐，沉甸甸的稻穗把稻秆压弯了腰，泛起金黄色波浪，显出一派丰收的景象。水塘与稻田之间，筑有堰堤一道，沟渠纵横，中段有通水涵洞，塘水通过涵洞，源源不断地流进稻田里，以示灌溉方便。涵洞上，一只展翅翘尾的小鸟，亭亭玉立，放开了清脆的歌喉，唱起了丰收凯歌。盆内四壁植有一行行绿柳，间隔基本相等，表示水塘与稻田周围遍栽桃李花果，既美化了田园的环境，又可以起到水土保持的作用。设计之巧，令人赞叹不绝。模型内的各项设施，展现出

---

① 中国科学院古脊椎动物与古人类研究所．中国古人类画集．北京：科学出版社，1980.

一派生机盎然、五谷丰登、荷叶田田、阡陌纵横的田园风光。

这与布依族先民的稻作农耕生活非常相似。《水经注》引《交州外域记》说："交趾未立郡县之时，土地有雒田，其田随潮水上下，民垦食其田，因名雒民。""雒田"与"骆田"通，是指溪河两岸以种植水稻为主的田。"雒民"即"骆民"，指的是"垦食雒田的骆越人"。在秦汉时期，交趾的地域包括南、北盘江及红水河广大地区。今天在布依族地区仍可以找到雒田的痕迹，同时，在布依语中也可得到相应的佐证，布依语称接近溪河的坝子为"雒"或"洛"，布依语"那洛"指的就是溪河两岸的水田，即"雒田"，"那"是田。

第三节　高原水乡

《布依族简史》说："布依族自古以来，多选择在溪河两岸的坝子旁边居住。""居民多是聚族而居，少与其他民族同寨。"① 这是因为布依族是一个稻作民族，很早就耕作水田，因此，习惯近水靠田而居。村寨多坐落在河谷和平坝地区，依山、傍水、靠田，周围丛林茂密，绿树环抱，翠竹掩映。寨中常是古树参天，或古柏、或古银杏、或古榕树、或古香樟。寨前田畴纵横，溪河环绕，流水潺潺，水车缓缓转动，垂柳依依，小桥掩映，一派美丽的山水田园风光，故素有"布依水乡"或"高原水乡"的美称。

俗话说："一方水土养一方人。"在布依族居住的广大地区地理环境都比较优越，其区域大多处于温带和亚热带气候范围内，雨量充沛，气候多样。年平均气温在16℃，年降雨量1000～1400毫米，夏季多雨，春秋次之，冬季最少。又因地处云贵高原，大部分地区冬无严寒，夏无酷暑。加之大多是河谷地带，地势偏低，山高岭陡，寒流不易进

① 《布依族简史》编写组．布依族简史．贵阳：贵州人民出版社，1984：151.

入。只有少数居住在西部和西北部高寒山区的布依族地区，年平均气温在14℃左右。南部的南、北盘江及红水河流域地区，因属亚热带气候，冬季温暖，夏季炎热，年平均气温18℃～20℃，植物可以常年生长。在布依族聚居的黔西南布依族苗族自治州和黔南布依族苗族自治州，土地肥沃，雨量充沛，日照时间长，温度适宜，农作物可一年两熟，素有贵州“粮仓”之称。

我们知道，人类主要是沿着河流而生存繁衍的，世界上人类文明的发源地，都在大河的两岸。如埃及的尼罗河，中东的幼发拉底河、底格里斯河，印度的恒河，中国的黄河、长江、珠江等。布依族居住两江（长江、珠江）上游地区，也是人类文明的发源地之一。从布依族的分布及聚居区域来看，大部分分布于长江水系的乌江，沅江上游和珠江水系的南、北盘江，红水河及其支流地带，基本上与河流分不开。这些河流除乌江、沅江，南、北盘江，红水河主要干流外，还有都柳江、樟江、蒙江、六洞河、曹渡河、三岔河、打帮河、花溪河、六冲河、黄泥河、独木河、马别河等众多支流。这些河流的沿河地带土地肥沃，气候宜人，雨量充沛。由于地形气候的复杂多样，物产资源丰富，自然风光秀丽。因此，布依族居住地区大多是风景名胜之地，如黄果树、龙宫、花溪、红枫湖、茂兰、樟江、小七孔、大七孔、万峰林、万峰湖、马岭河、双乳峰等。长期以来，黄果树大瀑布的壮美、龙宫的神秘、花溪十里河滩的锦绣、红枫湖的壮丽、茂兰喀斯特的险峻、樟江大小七孔的娟秀、马岭河的壮阔、万峰林的神奇、双乳峰的奇观等，无不给人留下深刻的印象。

如今这些久负盛名的地方，大部分已经成为国家级著名的风景名胜区了。如黄果树，1982年11月被国务院批准为国家重点风景名胜区，2000年12月被国家旅游局评定为AAAA级旅游区。龙宫，1988年8月被国务院批准为国家级风景名胜区，2000年12月被国家旅游局

评定为AAAA级旅游区。红枫湖，1988年8月被国务院批准为国家级风景名胜区，2001年被国家旅游局评定为AAAA级旅游区。马岭河峡谷风景名胜区，包括马岭河峡谷、万峰林、万峰湖三个景区，1994年1月被国务院公布为国家重点风景名胜区。荔波茂兰，1986年被贵州省人民政府批准建立自然保护区，1988年被批准为国家级自然保护区，1996年加入联合国教科文组织人与生物圈保护区网。荔波樟江，1994年1月被国务院公布为国家重点风景名胜区。

双乳峰　（罗剑摄）

布依族地区这种自然地理条件，既是布依族民族发育与历史活动的起点，又是影响布依族民族实践活动的客观因素。布依族生存、发展及一切活动，物质文明的创造与社会机体的运行，无不在对其独特的自然地理环境的依附中展开。这种自然地理环境，构成了布依族活动与文化的天然客观基础，决定着布依族文化创造活动的对象、内容、方式和途径。① 布依族正是在这种依附自然地理环境的过程中，创造了

① 韦启光，石朝江，赵崇南，佘正荣．布依族文化研究．贵阳：贵州人民出版社，1999：2.

自身特色——一切皆与稻作活动休戚相关的农耕文明。良好的生态环境与悠久的稻作农耕文化传统的相互作用，描绘出一幅幅高原水乡的美丽画卷。

走进布依水乡，眼前的美景常让人萌生高原水乡胜江南的无限感慨。正如微电影《陪你去贞丰》主题歌中唱道：

> 云贵高原，盘江河畔，乌蒙山脉，拉开梦的画卷；
> 悠悠青山，层层梯田，青青的石板路，伸进了山寨。
> 看一看刺绣，尝一尝美酒，清新的空气，是爱的节奏；
> 走一走山路，去江里游游泳，幽美的大峡谷，把我的情带走。
> 陪你去贞丰，去看双乳峰，布依姑娘，家住在吊脚楼；
> 陪你去贞丰，去看三岔河，山青水秀，人在画中游。

布依族高原水乡，能够让美丽进行到底，也与其传统的生态观念分不开。到了近代，布依族已从对具体自然物的崇拜逐步升华为生态环境意识。清代，布依族村寨就出现了《晓谕碑》、《安民碑》、《禁革碑》、《流芳千古碑》、《护林碑》、《联防合同碑》等多种形式的乡规民约碑。从大多数《护林碑》的内容来看，已经超越了对竹、木等自然物的图腾崇拜，跨入了对整个自然生态环境认识的新阶段，这反映了布依人已经认识到人的生存发展同自然是息息相关、协调一致的，对自然生态圈中任何因子的破坏，都将导致生态的不平衡，并将影响人类自身的生存与发展。由于有了这种明确的生态观念，布依人便有了自觉的保护意识和行动。他们教育族人要爱护一草一木，并把保护生态作为行为规范铭刻在石碑上，世代遵循。为使生态环境不被破坏，他们进行封山育林，培育树木，禁止滥伐，违者必究。因此，在布依

族聚居的大多数地区，山水相连，植被丰茂，景色优美，可以说既是布依族先民的生存选择，也是世代布依人对生态保护、改造的结果。①

第四节　民族的脊梁

世世代代生活在高原水乡的布依族人民，始终把自己的命运和祖国的命运联系在一起，把民族的振兴与社会的进步联系在一起。在历史发展的长河中，布依族人民以他们的辛勤劳动和聪明才智，同全国各民族一起共同开拓了祖国的大西南，为发展祖国的经济和文化，为加强各民族的团结、维护祖国的统一作出了自己的贡献。布依族人民热爱自由，富于革命斗争精神。千百年来，为着自己民族生存和发展，不仅开拓了苗岭山区和南北盘江流域广大富饶的土地，而且为了生存、自由和幸福，同历代反动统治进行了无数次顽强的斗争，英勇地反抗统治阶级的残酷压迫，涌现了许多可歌可泣的布依族英雄儿女，极大地推动了社会发展，写下了一页页光辉的篇章。

一、早期的农民革命斗争领袖

唐宋以来，中央王朝在布依族地区推行羁縻政策和土司制度，封当地首领为土官，子孙世袭。元代在布依族地区建立的土司制度，表明封建领主制发展到新的阶段，封建领主与王朝的关系更加紧密，王朝对布依族地区的控制更为严格，农奴受到的剥削和压迫更为严重。明代进一步强化中央集权，加强对土司的控制，布依族地区受封建王朝的控制越来越严格。由于封建王朝和土官土酋的双重压迫和剥削，布依人民忍无可忍，发起了多次反抗斗争。

---

① 韦启光，石朝江，赵崇南，佘正荣．布依族文化研究．贵阳：贵州人民出版社，1999：129～130.

在早期的农民革命斗争中，有唐代琰州、黔州、矩州、纳州、黔、巫、牂牁等地的“蛮僚”起义；宋代新添（今贵定县）的“蛮僚”起义，荔波一带蒙顶、蒙令扎、蒙今地、蒙汉城、蒙虔玮、蒙填、蒙徂等领导的农民起义，蒙赶领导的白崖山和荔波“洞蛮”起义；元代王二万、马虫等领导的八番桑拓蛮起义，八番顺元路宋隆济领导的“苗仲九股”起义，班光金领导的八番蛮起义；明代洪武九年王乃领导的罗甸农民起义，万历三十三年（1605年）阿伦、阿万、阿绒、阿浪、阿戍领导的“路苗”抗明斗争等。每个朝代、每次斗争，都反映出布依族人民不畏强暴，英勇奋战的英雄气概。农民们“杀牲盟誓”、“啸呼成群”、“攻占兵库”、“威胁守帅”，给反动统治以沉重的打击。有的起义军不仅转战贵州高原，而且还联合邻近省区扩大战果。如宋代蒙赶领导的白崖山和荔波地区的“洞蛮”（布依族）农民起义军，就曾与广西环江的农民军联合，先后攻破环州，夺取州印。在广西北部的毗邻地区建立“大唐国”政权。起义部队共推首领蒙赶为王，下设宰相等职，起义军控制了黔桂两省边区，坚持斗争达一年之久。[①]

二、嘉庆年间南笼农民大起义领袖韦朝元、王囊仙

清代以后，乃至民国，阶级矛盾日益严重，革命斗争更加如火如荼。清代改土归流以后，朝廷直接委派官吏进行管理，更进一步加强了对布依族地区的统治。布依族地区受到的剥削和压迫一次比一次深重。特别是1840年鸦片战争失败后，清王朝软弱无能，丧权辱国，帝国主义侵略势力侵入布依族地区，使布依族地区的封建自然经济解体，逐步变为半殖民地半封建社会，布依族人民陷入了苦难

① 王传，李登福，陈秀英．布依族．北京：民族出版社，1991：144.

的深渊。面对封建主义和帝国主义的双重压迫和血腥统治，布依族人民掀起了一次又一次的反抗斗争。其中规模最大、斗争最激烈的一次，是清嘉庆二年（1797 年）韦朝元、王囊仙领导的“南笼农民起义”。

韦朝元，南笼府当丈寨布依族贫困农民，自幼习武，武艺高强，在乡里传授武艺，曾收下很多徒弟，又会行医，平时关心百姓疾苦，爱打抱不平，甚得人心。王囊仙，原名王阿崇，南笼府洞洒寨一位布依族年轻妇女，以求神为名，用草药为人们治病，颇为见效，深受群众尊敬。布依族称她为“囊仙”，意思就是“仙姑”。当时，正值湘西苗民大起义，韦朝元和王囊仙取得联系，商议武装起义，决定以求神行医为名，扩大群众基础。

这次起义的主要原因是布依族农民“久被地方土目、亭长压制，侵其土地，役其子女，受辱难堪”[①]。清初“改土归流”后，随着清统治的加强，满、汉官僚地主和两广商人，不断进入布依族人民居住之地，并和原来的土司相勾结，使用各种手段盘剥布依族人民。他们大肆掠夺土地，凡“苗（指布依族）有美田宅，辄夺之”（《兴义府志·大事志本末》）。高利贷的盘剥很厉害，“虽铢两，数年后至千百”，农民偿还不清，不是土地被掠夺，就是被关押勒索，或被折磨而死。还有税役，不仅“役使不给雇值”，甚至“兵役入苗寨，恣需索，苗以官奉之”。特别是土司，“役苗甚于奴”，因此，“苗久苦横虐”。布依族人民无法生活下去，只好揭竿而起。

嘉庆二年正月初五日深夜，义军首攻南笼府城，烧掉普坪，点燃了起义烽火。知府曹廷奎被迫撞柱身亡，恶霸地主叶万城、李会成等也被捉拿当场处死，义军声威大震。起义之后，南笼府所辖之“永丰州（今贞丰）、普安县及册亨州城、兴义县城、黄草坝城（今黔西南州

---

① 《布依族简史》编写组．布依族简史．贵阳：贵州人民出版社，1984：55.

府）、捧鲊城皆被围；而安顺府之永宁州、归化厅（今紫云）及贵阳之威宁州、黔西州、平远州诸仲苗（布依族）尽反”。“起义农民各围其城”，于是“诸城先警”，清军一片慌乱。起义军发展到数万人，星星之火，顿成燎原之势。二月间，义军攻下册亨州城，杀死州同曹艾和把总杨烈，开仓济贫，人民欢声雷动。接着义军又分兵进攻永丰、普安、罗斛、永宁等地，并以破竹之势围攻定番，逼近贵阳。省城立即戒严，全省为之震动。消息传至北京，嘉庆皇帝急忙亲自部署镇压。他在“上谕”中说：“贵州苗疆关系紧要，一切调遣机宜，恐冯光熊（贵州巡抚）一人照料难周”，特命勒保（云贵总督）带兵“驰赴南笼”。又命两广清军珠隆阿、张玉龙部“前赴南笼——总当星速剿捕”。①

南笼农民大起义席卷贵州西南、西北部广大地区，很快得到各地各族人民的积极响应。义军攻城夺地、重创前来镇压的清军官兵。虽然这次起义最终还是失败了，但它给封建统治者，特别是当地官吏、地主、土豪劣绅、土司、高利贷者以沉重的打击，迫使清统治者将兴义府及所属各州县“应征秋粮一万二千九百六十石全行蠲免”（《兴义府志·兴义苗民复兴谕》）。②

此外，规模较大的还有清雍正二年（1724 年），阿近、阿庆领导的定番广顺农民起义。咸丰四年（1854 年），杨元保领导的独山农民起义。咸丰五年（1855 年），潘新简、吴邦吉与谭朝刚等领导的荔波农民起义，以及同年六月，罗光明领导的上江（今三都）农民起义。紧接着是青岩、贵定、永宁、兴义等地布依族人民陆续掀起的反对帝国主义利用宗教侵略的“教案”斗争。如 1906 年罗先发领导的贵定布依

---

① 王传，李登福，陈秀英．布依族．北京：民族出版社，1991：146.

② 中国第一历史档案馆，贵州省黔西南州民委编．清代嘉庆年间贵州布依族“南笼起义”资料选编．贵阳：贵州民族出版社，1990：3、8.

族人民反帝反封建的武装斗争，1907年韦仁兴领导的镇宁扁担山布依族人民的反帝反封建的武装斗争等。

布依族人民领导的农民起义和武装斗争，给封建王朝以沉重的打击，有力地削弱了帝国主义侵略势力与清朝统治者的相互勾结，表现了布依族人民在反抗历代封建王朝的阶级压迫和民族压迫以及反抗帝国主义的斗争中所作出的重要贡献，在布依族人民的革命斗争史上写下光辉灿烂的一页。

三、革命烈士陆瑞光、王海平、莫凤楼

1921年中国共产党成立以后，布依族地区的革命斗争进入了新的历史阶段。在中国共产党的领导下，1930年，广西红七军第一、二纵队两次进入贵州布依族地区，组织布依族群众与国民党反动派进行斗争。1932年，广西左江党委又派出一部分同志深入黔南农村，宣传群众，组织群众，在红水河沿岸的布依族人民中燃起革命的火焰。1935年红军长征经过布依族地区，大力宣传党的革命纲领和民族政策，大大激发了布依族人民的革命热情。布依族人民对党和红军无比热爱，争着给红军送粮、送草、放哨和带路。在红军的影响和党的领导下，布依族地区先后组织了许多革命团体，革命斗争风起云涌。其中有在中共黔桂边委领导下开展的红水河沿岸的革命斗争；20世纪40年代初贞丰、六马的抗暴斗争；40年代末中共滇黔桂边区纵队罗盘游击区领导的兴义游击团、安龙游击团及六马第七支队、郎岱“三三”暴动、黔西“牛角会”起义等革命武装斗争。涌现出陆瑞光、王海平、莫凤楼等革命烈士，为祖国的解放事业作出了应有的贡献。

陆瑞光（1901～1937年），贵州镇宁人。在20世纪二三十年代，陆瑞光的父亲陆品山、兄长陆吉光，先后因参加当地农民反抗军阀的斗争而献出生命。陆瑞光高举义旗，继续组织领导反抗军阀的斗争。

1923 年击败军阀团长王又文，攻进镇宁县城。1935 年，中央红军长征来到弄染，总政治代主任李富春、三军团军团长彭德怀、政委杨尚昆住在陆瑞光家，并与陆瑞光订立协定，反对蒋介石、王家烈、犹国才。红三军团曾向中央军委发电报："军委：沙子沟周围数百十里，有夷兵约千，有师团营组织，一首领陆瑞光，我已与其订立协定，反蒋王犹国民党及苛捐杂税，留有一批伤病员，赠步枪三十六支，并留一批工作员。彭、杨。1935 年 4 月 16 日 17 时 30 分。"（中央档案馆 10188 号）在红军留下的营长方武先的帮助下，陆瑞光带人去广西右江寻找邓小平领导的红七军，中途被阻。回弄染后，派人到安顺找到地下党，见到了中共贵州省工委委员秦天真。根据党的指示，陆瑞光在镇宁、关岭、紫云边区发动和组织群众，建立革命根据地。1936 年 12 月，国民党军阀杨森带 20 军的两个师围攻根据地，陆瑞光被俘。1937 年春，陆瑞光在贵阳被杀害，时年 35 岁。1989 年 3 月 31 日，贵州省人民政府追认陆瑞光为革命烈士。

王海平（1889～1941 年），贵州望谟人。父母早逝，1904 年，王海平在贞丰考中武生，后随贞丰州督带潘伯坚部到黄平、思州等地。1909 年，潘部解体，王海平回到贞丰。1923 年，黔军姚叔熙营驻贞丰，委任王为第一连连长。1929 年，王海平被贵州省主席周西成委任为黔桂边区清红两江独立保商营营长，控制着两江一河（南北盘江、红水河上游）的水上交通和沿江地盘。1930 年，中国工农红军第八军第一纵队从广西左江地区转战来到凌云县彩村，准备开往东兰与红七军会合，不料在彩村被敌人包围，经激战突围，伤亡很大，为保存实力，红一纵队决定先往北到黔桂边区一带隐蔽休整。这一带地处南、北盘江与红水河汇合处，森林密布，崇山峻岭，交通闭塞，是地方势力王海平控制的地盘。因此，红一纵决定争取王海平。这是王海平第一次与红军的接触。之后，中共黔桂边委继续不断深入地做争取王海

平的工作。在全国人民一致抗日和纪律严明的红军的感召下，王海平终于转向支持红军。1938 年，中共黔桂边特委以韦国英、牙永平所带的红军为骨干，在南北盘江下游和红水河上游沿岸地区组建抗日义勇军，王海平任抗日义勇军司令。1939 年 10 月，国民党顽固派积极反共，贵州当局大肆迫害共产党人和进步人士，全省抗日救亡运动日趋低潮。国民党当局围剿王海平，镇压黔桂边区革命的部署和行动也相应加剧。数月中，王海平所辖石屯龙继尧部、册亨岑建坤部、岜便王作周部，卡法牙永平部均被国民党军队分别瓦解，龙、岑、王、牙等骨干先后被杀。面对强敌的进攻，中共黔桂边特委将特委改为特支，组织分散活动，并动员王海平撤离黔桂边区，但王没有选择离开。1941 年 2 月，在敌人重兵的两路围剿下，王海平撤退到广西。5 月中旬在柳州被俘。5 月 28 日，国民党以“通共”罪在贵阳将王海平杀害。1992 年 6 月 19 日，贵州省人民政府追认王海平为革命烈士。

莫凤楼（1895～1950 年），贵州独山县人。辛亥革命推翻清王朝统治，莫凤楼支撑贵州半壁南疆，任独山保商大队长，使黔桂边陲百余里之地人民安居乐业，商旅往来络绎不绝。抗日战争时期，日寇侵入黔南，莫凤楼任抗日救国军独山自卫团第二支队司令，率众袭击入侵独山的日本侵略军，打死打伤日军数百人，缴获大量弹药武器和战马，使日军入侵气焰受阻，保护人民生命安全和国家财产少受损失，在抗日战争初期，莫凤楼表现出爱国主义的热忱，向国家捐献了一架滑翔机，以作空军练习之用。莫凤楼一生关心家乡建设，集资平整麻尾农贸市场，平价售盐，请名师兴办教育，送子女到省外升学等。莫凤楼政治开明，不附权贵，对蒋介石的反动统治极为不满，曾在 20 世纪 30 年代支持两广和贵州的反蒋势力，他的家成了反蒋代表的会议地点。卢焘将军、同盟会老人但懋辛、熊克武等每次去两广都到他家作客。秦天真同志早年在六寨进行地下党活动时，也和他来往并得到他的资助。当蒋家王朝行将覆灭之时，他劝阻国民党在麻尾的守军停止炸毁麻尾机务段的机车及所有设备，保护了铁路财产不受损失和职工生命的安全。新中国成立前夕，他拒绝受任“反共救国军”第三指挥所主任兼二团团长职务。独山解放，他就向人民政府靠拢，向群众宣传党的政策，交出自己的自卫武器和国民党撤退时留藏下来的大量弹药武器，并拿出自家的粮食支持解放军。同时劝说其宗族人、李宗仁部将、广西绥靖公署副主任、中将军长莫树杰起义，使黔桂公路得以打通。积极协助人民政府征粮，参与解放军向国民党残余匪特作英勇的斗争。1950 年 4 月 18 日，贵州省人民政府主席杨勇、副主席曾固联名致函莫凤楼，对其协助人民政府征粮，安定地方秩序表示感谢。并邀请到省城商议民主建政工作，他因病未能成行。国民党潜留匪特头目陈与参闻讯，于 4 月 29 日晚派数百名匪特袭击南寨，莫凤楼及其家人惨遭杀害，男女老幼 47 人倒在血泊之中，造成震惊黔桂两省的“南寨大血案”。杨勇、曾固当即致唁电：“莫凤楼先生不顾匪特威胁利诱，积极协助政府，从事民主建政工作，今竟不幸牺牲，实为贵州人民之损失，莫凤楼先生坚决为人民服务的精神，贵州人民将永远不忘。”1985 年中华人民共和国民政部追认莫凤楼为革命烈士。①

第五节　“西南大儒”——莫友芝

布依族是受汉文化影响最早的民族之一。据史学界的研究，布依族先民古越人最晚在秦末汉初，就与大批从北方南下的华夏人杂居共处了。西汉末年，汉灭夜郎建牂牁郡后，进一步推进了汉文化向夜郎、牂牁地区的传播。当时派驻的军队和官吏中不乏中原汉族饱学之士。而当地的学人，亦常到汉族地区求学。如西汉名士盛览，就曾师从司

① 贵州省布依学会编．中国布依儿女名录．贵阳：贵州民族出版社，1995：350～351.

马相如学习辞赋，回到牂牁后一直从事教育。东汉著名学者、文学家尹珍，牂牁毋敛（今荔波）人，汉桓帝建和元年从学于大文字学家许慎，回归故里后兴办学校从事教育，对推动牂牁地区文化教育的发展有很大的作用。明清时期，布依族地区的汉文化教育达到兴盛阶段，布依族男子束发读汉书，慨然慕循吏，成为时尚。布依族中出现了用汉语写作的学者和作家，独山莫友芝父子、兴义府文举人王绩康等，就是其中的杰出代表。

莫友芝（1811～1871 年），字子偲，贵州独山人。清代布依族著名学者、诗人、经学家、教育家、藏书家。莫友芝从小勤奋好学，性亦颖悟。在兔场“影山草堂”攻读时，就已展露其少年聪慧的才华。14 岁随父迁居遵义，与同窗好友郑珍（字子尹）共同研读，两人志同道合，在慈父严师的循循善诱和苦心培育下，对于苍雅故训、六艺名物制度，都能认真探索，甚至金石目录家的著作也要弄清其奥秘，找出其源流，辨析其真伪。17 岁时，考取秀才，21 岁考中解元。《中国人名大辞典》评价莫友芝学力深厚，多才多艺，精通“苍雅故训，六艺名物制度，旁及金石目录家言，治诗尤精，又工真行篆隶书”。在莫家父子中莫友芝的成就最高，与著名学者、诗人郑珍（子尹）齐名，名重西南，世称郑、莫。因其二人的影响，故贵州有“清诗三百年，王气在夜郎”之誉。

莫友芝治学严谨，“恒彻旦暮不息，寝食并废”，刻苦研读。久之，通会汉宋两学，于苍雅故训、六经、名物制度，无不探究，旁及金石目录家之学。道光十一年（1831 年）中举，曾与郑珍联袂赴京应试，沿途饱览壮丽山河，题咏风物。落第归来，两人合纂《遵义府志》，被誉为“府志中第一”，与《华阳国志》、《水经注》媲美。又先后主讲遵义湘川、启秀书院，琢育人才。一次在京会试时，与曾国藩邂逅于琉璃厂书肆，论及汉学门户，友芝如数家珍，国藩惊叹：“不意黔中有此宿学耶!”于是设宴订交。

19世纪50年代后期，莫友芝北走京师，与名流潘祖荫、翁同龢、张之洞等交流唱酬。后南下江淮，入胡林翼幕府，为其校刊《读史兵略》。晚年入曾国藩幕，曾氏待以宾师之礼。举家寓居金陵（南京），历任江宁、苏州、扬州三书局总纂，主持刊印《隋书》、《续资治通鉴》等巨著。又广搜古籍秘本，建“影山草堂”藏书楼，得书数万卷，为江南藏书名楼之一。所获唐写本说文木部纸数页，被誉为“西南漆书”，价值连城。莫友芝著《唐写本说文木部笺异》一书，学术水平极高，又潜心研治金石目录之学，撰有《宋元旧本书经录》三卷（附《书衣题识》、《金史题识》各一卷）、《梁石记》一卷、《持静斋藏书记要》二卷；又撰写《吕亭知见书目》十六卷。被藏书家和图书工作者视为“枕中鸿宝”，与邵懿辰《四库书目标注》齐名，二人被推为版本目录学创始人。

莫友芝著述宏富，除上述诸书外，尚有《影山祠》三卷、《吕亭诗钞》六卷、《吕亭遗文》八卷、《遗诗》八卷；辑有《韵学源流》一卷、《黔诗纪略》三十三卷，以及《声韵考略》、《过庭碎录》等多种。他是清代宋诗派重要诗人，他一生写了很多诗，遗留下来的有近千首。主要是朋友间唱和酬答的诗，内容上有的是对官场黑暗的无情揭露，如《赠孟柳桥（传铸）州判》：

从来仕途有经纶，善手公然化风畛。
徒言弊吏陟优异，岂解中人把推引。
上策争看腾踏去，下村亦博肥跷准。
眼中称意凡几辈，谁是不营甘蠢蠢。

风格上有的感情激昂，气势宏伟。如《满江红·乌江渡》：

叠浪惊穿，二千里，插天青壁。随处有云驱雪哄，电奔雷激。积怒欲吞三峡势，重门不放千艘入。问中宜何事惜神斤，平江石。

于越限，西瓯窄，更始道，西乡惑。算头兰诛后，几回开塞！故垒难寻杨燕里，荒坟莫吊王忠国！但时时折戟露沉沙，渔人得。①

① 何积权，陈立浩主编．布依族文学史．贵阳：贵州民族出版社，1992：393、395．

第二章

流淌的情调

布依族长期生活在山水田园之间，其居住、服饰、饮食等无不体现出山水的情趣、田园的格调。山水田园的生活环境，不仅风光迤逦，而且形成了布依族质朴、善良、热情、以和善为美的民族心理素质和自然随和、温文尔雅的民族性格与文化气质，也形成了布依族以歌表达情感的特有生活方式。男耕女织的稻作农耕文化生活，历练出布依人的勤劳与智慧。蜡染中的布艺、刺绣中的柔情，传递着布依姑娘的心灵手巧、贤惠能干以及许多爱恨情愁。行走山水间的青衣，体现的不仅是融入自然的和谐，更是彰显了布依人的那份素净与典雅。五色花米饭，让人品味的是布依族人多彩的生活。

第一节　大房大屋好唱歌

大房大屋好唱歌，大江大海好漂梭。
金杯银杯好吃酒，老表相逢恩爱多。

大房大屋是对布依族居住的描述。布依族居住文化的特点，主要

表现在干栏建筑风格上，干栏式民居建筑是布依族传统的建筑艺术形式。布依语称房屋为“栏”或“然”，称住宅为“干栏（然）”。自古以来，布依族多选择水源丰富的河谷坝子溪边居住，由于山地潮湿多雨，民居均为干栏式建筑。这种干栏式建筑，一般为木质结构的二层楼，上面住人，下面圈养牲畜。一方面是由于饲养牲畜方便圈养，另一方面人的居住与牲畜分开，有利于保持清爽干洁的环境。这种建筑的特点是防潮、防兽、防盗，同时既节约用地，又利于通风采光。如《北史·南僚传》记载：布依族先民僚人“依树积木，以居其上，名曰干栏。干阑大小，随其家口之数”。唐、宋时期，干栏建筑进一步改善，“人楼居、梯而上”（《旧唐书、南蛮传》）。干栏楼房底部围圈利用，“上以自处，下居鸡豚”（《岭外代答》）。明代，干栏建筑是“人栖其上，牛羊犬豕蓄其下”（邝露《赤雅》）。经过长期的历史发展，干栏式建筑从其整体结构、风格特征、功能应用到建造过程，都具有丰富的文化内涵。干栏建筑反映了布依族先民对自然环境的适应力，是我国古代建筑遗产的重要组成部分。今天，布依族居住地区的民居仍然保存这种建筑特色。

布依族干栏建筑　（周国茂摄）

布依族民居大多因地制宜，就地取材。由于地域不同，各地的布依族民居也不尽相同。从形制上看，有干栏式楼房、吊脚楼，也有平房；材质上，有木结构的、木石结构的、土木结构的。从居住地域看，住在平地坝子的，多是矮墙院落，木板房小青瓦，房舍参差错落。正房多为长三至五间，吞燕子口；中间为堂屋；两边是寝室、客房和厨房，多为二厢房，有的人家还建有两重堂的四合天井，有围墙、朝门。这些房屋，多系清代以前建筑，部分构件有精雕动物图案和花格窗，有檐敦石、石檐坎、石阶梯、石院坝、细锤细钻，做工精细，还有垣墙、垣门。居住在山地的房屋依山而建，楼房叠加，有的修成前半部为楼房，后半部为平房的吊脚楼，这是历史上干栏式建筑的延续。布依族村寨这种依地形地势建起的干栏式住房，在结构、式样上讲究对称、统一，与自然环境融为一体，表现了人与自然的和谐美。

布依族堂屋 （罗剑摄）

兴义市巴结镇的南龙布依古寨，是布依族干栏建筑的代表。寨中房屋按九宫八卦形排列建筑，巷道环环相扣，道道相通，布局非凡，堪称奇迹，不熟悉的人进入其中如进迷宫，数百年来，寨中的吊脚楼坏了就拆，拆了又建，但始终保持着原有的建筑格调。古寨位于万峰

湖畔，田畴纵横，古榕参天，郁郁葱葱。远远望去，200多座布依干栏式吊脚楼若隐若现。360棵古榕参天耸立，千姿百态，奇崛遒劲，盘根错节，把古寨包围得严严实实。这些600多年的古榕，见证了古寨的沧桑与巨变，其中有传说故事的便有160多株。浓郁的民族风情，原汁原味的民族习俗和引人入胜的传说故事，常常让人浮想联翩，流连忘返。

镇宁扁担山布依族石头寨是布依族建筑的又一风格的代表。之所以叫作石头寨，就是寨子里的所有建筑都是由石头和石板建造而成。街道路面全是石头铺的，房屋是石头垒的，屋顶也是石板盖的，几乎全寨都是石墙石瓦的石屋。石屋层层叠叠，顺山势而建，错落有致。有的石屋，房门朝向一致，一排排并列；有的组成院落，纵横交错。走进寨门，犹如走进了石头的世界。与石头寨一样的石头建筑遍布扁担山区，共有48座类似的布依族村寨，都是利用石头作为主要的建筑材料。这些石头建筑，历经多年的风雨冲刷，越发显得洁白，在秀丽的群山环抱之下，构成了一幅幅山野的图画。石头的坚韧和沧桑，在这里默默地守护着历史，见证着扁担山布依族生活的每一个变化。

布依族起房建屋，不仅格式讲究，而且还有一套讲究的习俗。从架马、起房、上梁到钉大门都有一整套礼节习惯。建新房首先要请布摩先生根据八卦字向选朝向最好的地方作为屋基地，然后再择定良辰吉日，方可动工。立房之日，要办酒席，三亲六戚要来吃酒挂红，家族弟兄要来帮忙。大梁一般不自备，由内亲舅舅家赠送。送大梁时要吹唢呐、放鞭炮，梁上要挂匹丈余长的红绸缎。舅舅家赠送的大梁也很讲究，因为大梁是一栋房屋的最高领头，关系到建房人家的平安和睦、兴旺发达之大事，所以，大梁一定要用新木，而且不能过早砍来存放，要算好时间在立房的头一天或当天现砍。大梁砍下削皮修整放好，到抬送至立房人家，均不能有人跨过。立房仪式中，要说贺词，要唱歌祝贺。

布依族民居建筑，无论是过去的干栏楼居，还是现在的平房，或平房融合干栏特色和风格的现代新农村民居建筑，其建筑的外形和结构都只是一种物质形态，而建筑的精神寓意早已渗透于物质和实用的意义之上。因此，从奠基、建造和入住，都有完整的充满神秘色彩的象征仪式和习俗。这些充满神秘色彩的象征隐喻表明，布依族的建房民俗活动不只是追求一种心理安慰，还追求为生命创造一个最佳的居住空间，在个体生命的小宇宙中寻找与大宇宙自然的和谐。以干栏建筑为主体特征的布依族建筑文化，在其历史发展与演变过程中所形成的不同风格，体现了布依族人民在长期社会历史发展中对自然地理环境的适应性选择和对未来文化所作出的理性反应。布依族聚族而居的建筑群落，既体现了布依族群体内部的向心力，也体现了传统的宗族观念。而以自然村寨为布局的生活特点，也体现了高原水乡和稻作农耕文化的开放性，在与其他文化的交往交流交融中，既有传承的文化积淀又有变化发展的文化借鉴和吸收。

第二节　诗乡歌海

布依族是个喜欢唱歌的民族。布依族高原水乡的另一个最大特点——既是水乡又是歌乡。布依族民歌浩如烟海，自古就有“无事不成歌”之说，故布依族聚居地区向来被人称作“诗乡歌海”。

唱歌是布依族生活中不可或缺的一个组成部分。对歌是布依族众多传统文化中闪烁着无限光芒和具有无穷生命力的文化现象。它以男女对唱的形式，以追求美好的生活、真诚的友情和纯洁的爱情为核心内容，是布依族民族性格和民族心理凝聚而成的产物。在日常生活中，赶集要唱歌，聚会要唱歌，喝酒要唱歌，劳动要唱歌，过年过节要唱歌，起房造屋要唱歌，婚丧嫁娶要唱歌。在路上唱，在歌场上唱，在家里唱……

唱歌不分男女老少，在什么场合唱什么歌，针对不同的场合唱不同的歌。人们通过歌声来交流情感，通过歌声来传授生产生活经验，通过歌声来谈情说爱，通过歌声来宣扬伦理道德、记录历史、传承文化，通过歌声唱出对生活的期待、对未来的理想，通过歌声中体现的审美精神来评价现实生活。

载歌载舞的布依族妇女 （陈玉平摄）

布依族人人都是歌手，他们善于把生活中的酸甜苦辣，把爱情中的甜言蜜语，变成优美的曲调，升华成和谐的旋律。如清澈的泉水般自心间缓缓涌出，如泣如诉，唱出了对生活的真切体验；如诗如画，道尽了对美好未来的向往；如痴如醉，深深地表达了对恋人的爱慕和思念。

布依族民歌不仅非常丰富，而且歌声优美，曲调繁多。由于各聚居区内的地理环境、经济发展、土语乡音以及与相邻的各兄弟民族的文化交流等，各地的民歌形式五彩缤纷。从演唱语言上，分为布依语民歌和汉语民歌两种。用布依语演唱的，一般歌词押腰韵，其曲调悠扬，悦耳动听；用汉语演唱的，大多押尾韵，曲调开朗，热情活泼，歌手常在结尾使用假声唱法，别有一番情趣。从演唱形式上，分独唱、对唱、齐唱、重唱、说唱等。从传承类型上，分古歌、叙事歌、盘歌、情歌、婚歌、酒歌、劳动歌、哭歌、孝歌、扎歌、童谣等。其中古歌和有关爱情婚姻的民歌，在民歌中占有很大的比重。情歌更是丰富多彩，通常又分喊歌、拐交歌、双头歌、三滴水、恩爱歌、排歌、八句谈诗、苦情歌等。双头歌是布依民歌中最常见的一种民歌体，句式整齐，每首八句，分上下两段，下段通常是上段内容的重复，只改动一些字句，但在修辞上却起到反复咏唱、加强内容的作用。喊歌和三滴水是最具特色的民歌体。喊歌是在歌前有“呀喂”、“咿呀”、“咿喂呀喂”等语气词，表示呼唤、询问、感谢、客气等意思。三滴水通常都在八句以上，首尾为长句，中间为短句，歌唱富于变化，而且在艺术表现上说唱结合，因此，抑扬顿挫，非常动听。从内容和过程上，又可分为初会歌、抬爱歌、连表歌、交情歌、试探歌、相恋歌、深情歌、送别歌、思恋歌、求婚歌、誓言歌、恩爱歌、变情歌、重逢歌等。

布依族民歌曲调上基本分为大调和小调两种，大调多用于隆重的场合，小调运用范围则非常广泛。小调的音域一般只有五度，很少作四度以上的大跳；大调的音域宽广，常扩展到八度。布依族民歌曲调，由于地理环境的差异和土语的差别，以及相邻民族的交流影响，其体裁、风格和色调各呈异彩，大歌、小歌和大调、小调保留着古朴风貌。此外还有笔管歌、勒尤调、姊妹调、十八调等。布依族民歌不论是大调、小调、山歌调，还是二声部、多声部等，都旋律优美、流畅上口。比如，较为流行的《好花红》、《太阳出来照白岩》、《桂花开放贵人来》、《久不唱歌忘记歌》等，旋律都非常优美动人。

走进布依民歌，就像置身于山与水的爱恋。一山一水、一草一木都是那样真实。那散发着泥土芬芳的情调，即使是最简单的形式，最平常的语言，也会令人感动不已。

第三节　男耕女织

男耕女织是布依族稻作农耕经济形成的生活方式，也是稻作农耕文化的最大特点，它反映了妇女在社会和家庭的分工，也衍生出布依

人勤劳和智慧的价值观念。布依族先民以善纺著称。明代《贵州图经新志》载："仲家勤于耕织，善治田。"《汉书·地理志》载："越地多产布。"在布依族的《摩经》中有纺织手工技艺的反映，讲述了布依族先民从编织到纺织的转变，从麻线到棉线的转变。在布依族家庭中男子是主要的劳动力，以耕为主，耕田种地，犁牛打耙，兴修水利，运肥打谷，建房造屋等重体力劳动多由男子负担。女子以织为主，纺纱织布、挑花刺绣、缝衣做鞋，以及担水煮饭、饲养牲畜等家务活多由女子承担。当然，农忙季节女子也参加耕种，但基本上还是以纺织为主。自古布依族人民就自种棉花、自纺、自织、自染、自裁、自缝衣服。全家穿衣从挖地种棉直到用手工缝制成服装全由妇女承担。每家每户都有纺车、织布机、染缸、染料（蓝靛自种）。历史上，布依族女孩子从十一二岁开始学纺纱、织布、蜡染、挑花、刺绣等技艺，聪慧的女孩十三四岁就能熟练地掌握这些技艺了。对于布依族女孩子来说，

布依族妇女在纺线　（黄晓摄）

擅长纺织绣花是她们勤劳贤惠和心灵手巧的重要体现。

一、蜡染中的布艺

布依人是天生的画家、艺术家。他们没有学过美学，没有学过素描和构图，却能以自然的艺术家的造诣创作出无数让世人惊叹的蜡染艺术作品。久负盛名的布依族民间传统印染工艺——蜡染已沿袭上千年，古称蜡缬，与交缬、夹缬同为我国历史上著名的三大印染工艺。布依族蜡染以贵州西南部和西部安顺、镇宁、关岭、晴隆、普定一带最为盛行。据传秦汉时期，蜡染、蒟酱就是布依族地区出口的重要商品。见诸文献史籍是在宋代，如《宋史》记载："南宁州特产朱砂、名马、蜜蜡、蜡染斑布等"（宋代南宁州即今贵州黔南州惠水县）。清代史书上所说的"青花布"，指的就是蜡染布。

布依族女孩子从十一二岁就开始学习蜡染，其精湛的技巧可说是世代相传。蜡染的制作工艺一般分点蜡花、靛染、脱蜡三道工序，按照《贵州通志》的记载："用蜡绘花于布染之，即去蜡，则花纹如绘。"南宋周去非《岭外代答》和朱辅《溪蛮丛笑》亦有详细记载："以木板二片，镂成细花，用以挟布，而溶蜡灌于镂中；而后乃释板取布，投诸蓝中，布既受蓝，则煮布去其蜡，故能受成极细斑花，炳然可观。"今天的布依族蜡染制作方法也大致如此。具体制作方法是先把作为防染剂的蜂蜡加热成汁，然后用铜片制成各种形状的蜡刀蘸上蜡汁，在平铺的白布上绘各种图案，绘完将布放在靛染缸中浸染，蜡汁凝固沾附在布的两面，有蜡质处染料不能着色。染好后将布放入沸水中煮脱蜡质，即呈现蓝底白花纹图案，并有人工难以描摹的"冰纹"，格外好看。美丽的蜡染布，可用来制作衣服、裙子、围腰、头帕、门帘、被面、床单、挎包等。

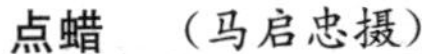
点蜡　（马启忠摄）

画蜡　（马启忠摄）

蜡染布的花纹图案十分丰富，且具有鲜明的民族特色。常见的花纹图案主要有旋涡纹、同心圆纹、方格纹、锯齿纹、三角纹、菱形纹、太阳纹、水波纹、云雷纹等。还有各种花草，如龙爪菜、茨藜花等，也有鸟兽虫鱼等。同形组合，多形成体，有的花上套花，花中显花，方圆并蓄，线条均匀对称，具有较高的审美价值。不少纹饰与布依族保存的古代铜鼓纹样相同。其图案谐调，线条匀称，花纹鲜明，文静素雅，给人以典雅古朴的感觉，尤以蜡裂的冰纹（亦称龟纹）奇特和画工精致而驰名中外。

另外一种是扎染，做法同蜡染一样，但花纹不用蜡绘，而是把白布按照所需花纹折叠好或用粗麻线铺成花纹，然后把麻线包起来缝好，再放进染缸里靛染，漂洗后折线即出现花纹，也非常美观。作为布依族珍贵文化遗产的民间工艺品蜡染布，已经走出贵州的大山扬名中外，许多到贵州的外国客人都要购买一些蜡染布，作为珍贵的工艺品带回国去送给朋友或自己收藏。

除蜡染之外，布依族地区还传承了较为古老的枫香染和豆浆染等民间印染工艺。枫香染流行在惠水、长顺布依族地区，是用当地盛产的枫香树脂加牛油作防染剂，用毛笔蘸枫香树脂混合液手绘图案于白布上，投入蓝靛中浸染，再煮沸去掉树脂油，漂洗晾干即成。染出后的蓝底白花效果，与蜡染有异曲同工之妙。枫香染图案最为常见的有鸳鸯戏水、丹凤朝阳、凤戏牡丹、鲤鱼荷花、二龙抢宝等。通常用作被面、床单、门帘、帐帘、桌布等，不作服饰。

豆浆染主要流行在平塘、罗甸、三都、独山等布依族地区，其制作方法是，用厚牛皮纸刻出空心花版，涂上柚洞使之耐用。将花版放在白布上，以豆浆石灰混合制成防染剂，在花版上刷印，防染浆从花版空纹中漏印在白布上，晒干后投入蓝靛中浸染。最后洗净刮去灰浆，即成蓝底白花的印染花布。布依族地区每逢赶集时候都有若干个印染作坊在集镇上设摊，负责接纳需印染的白布和顾客取走已印染好的日用品。布依族常用此种方法印染垫单、被面、门帘、头帕、枕巾等，常见图案有铜鼓、凤凰、仙鹤、鱼虫、花草等。纹样多以点和短线组成，这是刻制镂空花版必用的手法。布依族豆浆染的印染方法以及防染用料都同南宋时的“药斑布”、明代的“浇花布”完全一样。①

二、刺绣中的柔情

> 什么花最美丽？什么花最芳香？不说人人都知道，就是世界上的两种花。一种花会开会落，它长在高山草坪上；一种花会开不会落，它绣在姑娘的衣裙上……②

刺绣又称丝绣，俗称“绣花”或“挑花”，就是用针将各种彩色的丝线或其他纤维或纱线在绣料（底布）上绣制各种花纹装饰图案的一种手工技艺。刺绣是每个布依族姑娘必须学会的手艺，是布依族姑娘心灵手巧和智慧的象征。她们往往把自己认为最精美的绣品，作为自

① 丁文涛．布依族印染工艺探源．贵州大学学报（艺术版），2007（2）．

② 布依族民歌——刺绣蜡染歌。

己最珍贵的礼物，表达美好祝愿；或作为定情物，表白自己的一片芳心。小伙子找对象时，也常把姑娘刺绣手艺的优劣，作为选择对象的标准。而衣着朴洁无华的布依姑娘，在刺绣的装点下更显典雅靓丽。

布依族刺绣历史悠久，明弘治《贵州图经新志》中有布依族妇女“腹下系五彩挑花方幅，如绶，仍青衣袭之”的记载。这说明布依族刺绣在明代就已盛行，而且相当精致了。生活在群山环抱、河流绵延、秀美如画的环境之中的布依先民，把大自然的美丽和对生活的追求融为一体，用灵巧与智慧编织成精美的刺绣作品。正如他们在《刺绣蜡染歌》中唱的那样：“这是祖先的鲜血，这是老辈的智慧，我们要劳动才能穿戴，我们要辛勤才能享受。”

布依族刺绣具有针脚细密、色彩淡雅、绣品精细、图案大方、生动形象、色泽鲜明、针脚均匀、质感强烈等特点。其基本手法有平绣、挑纱绣、绉绣、缠绣、编绣、绮绣、双面绣、剪贴绣等，类型上又分为素绣和彩绣。刺绣与日常生活息息有关，多用于衣领、袖口、围裙、绣花鞋、鞋垫、腰带、背带、被面、门帘、枕套、帐檐、头帕、荷包等。布依族妇女中有些技艺娴熟的，不用图样也可以随心所欲地飞针走线，绣出各种飞禽走兽、花草鱼虫、湖光山色，绣品造型逼真、栩栩如生。不论是人物、花草、鸟兽图案均很协调，结构精巧、色彩艳丽、纹饰大方，无不表现出布依妇女卓越的艺

布依族刺绣——龙凤呈祥　（周国茂摄）

术才能。刺绣中的精品是背小孩用的背带，布依族姑娘和年轻妇女往往把背带看得格外重要，她们把背带视为博大母爱的凝结，象征着幸福、吉祥和布依人对美好明天的憧憬和希望。一些有心计的姑娘们，常常在谈恋爱的时候就开始策划、构思、制作这种背带，她们把美好的愿望、纯真的爱情，都通过银针彩线，绣入精心挑选的图案之中。

此外，织锦也是布依族妇女特有的传统工艺，以贵州镇宁织锦最负盛名。蜡染、刺绣、织锦等都已成为布依族重要的民族工艺品。

第四节　行走的“格子花”

青山绿水间，当你看到一群衣着格子花上衣或青蓝服装的布依族青年男女走过，你会突然感到大自然与人原来是那么和谐。

布依族纺织的布，有平板布和格子花布等。平板布用两排织布的综眼穿经线，只要一个梭子装纬纱线左右穿梭，经纬纱线都是白的，织成白布后，随人所需，用靛染成青色、蓝色或黑色。格子花布的纺织要比平板布的工艺复杂得多，要用两个经综眼，格子的大小、间隔的疏密、颜色的搭配是根据用途和纺织者的审美观念决定的。布依族格子花布做工精致、风格典雅，具有鲜明的民族特色和艺术风格，常是人们购置的馈赠佳品。布依布因质地优良，历来就有“盛水不漏”之说，有着较高的声誉。早在宋元时期，布依布就曾作为朝廷的贡品。

《大明一统志》载：布依族“短衣科头”、“椎髻、屐……衣尚青色”。清康熙《贵州通志》亦云：布依男子“以青帕束首，骊屦……衣尚青”。可见自古以来布依族男女多喜欢穿蓝青或黑白相间的格子花服饰，故人们常将布依族称为“行走山水间的青衣部落”。

布依族尚青、尚蓝的色彩审美观，与他们的日常生活环境和社会环境分不开。穿着青、蓝色的服装，最能与山青水秀、湖光山色的大

自然相协调。布依族在历史上较早进入农耕时代，在社会历史的发展长河中，基本没有经历大起大落的变迁，因而人们的审美心理比较含蓄内蕴，在色彩的喜好上大多表现为素净淡雅，少有强烈的色彩对比，有的只是淡淡的、清新明快的色彩，反映了布依人怡然自足的农耕生活。① 不过，布依族服饰的款式也因时、地之不同变化较大，一般来说男子的服饰比妇女的简单。青壮年男子多包头巾，穿对襟短衣（或大襟长衫）和长裤。唐代，男子多“左衽，露发徒跣”。清代“改土归流”之前，布依族男子蓄发挽髻。流官直接统治后，强行推行剃发编辫，但仍好以青帕缠头束腰。民国年间，中青年男子均蓄短发，中老年人穿大襟短衣或长袍。现在布依族男子服饰，各地样式基本相同，青壮年包头帕，头帕有纯青和花格条纹两种，衣服为对襟短衣，穿长裤。老年人多穿大袖短衣或青蓝长衫，穿布统鞋。

妇女的服饰各地不一，大有让人眼花缭乱之感。有的穿蓝黑色百褶长裙，有的穿长衫，有的穿短衫，有的在衣服上绣花，有的用白布包头，有的着围裙，有的着围脖等。明代以前布依族妇女着衣裙连在一起的桶裙。到了明代，衣裙分开，桶裙已变为百褶裙，且用五彩挑绣的方块作为装饰。青布裹头，蒙髻若帽絮之状。尽管各地的服饰都有所区别，但均普遍穿百褶长裙，佩戴银饰或五彩挑绣，制作讲究典雅。清代，布依族妇女的服饰开始发生较大变化，东部地区如独山一带的妇女渐改汉装，开始易裙为裤。而西部地区大部分仍穿裙。民国年间，只有在镇宁、关岭、六枝、盘县、水城、普定、威宁等县的第三土语区内，仍保持穿百褶裙，着古老的服饰。上装多是青布小袖窄腰大领衣，盘肩、襟沿、领沿、袖口、衣摆都镶有挑绣花边。裙长齐足背，绣有各种花纹，系长围腰，且以一次穿五六层甚至七八层的裙

---

① 韦启光，石朝江，赵崇南，佘正荣．布依族文化研究．贵阳：贵州人民出版社，1999：151～152.

子为美。

现代各地布依族妇女服饰，按土语、地域和特色的不同，可分为黔西南型服饰、黔南型服饰、镇宁型服饰和威宁型服饰等。

黔西南型服饰，流行于贞丰、望谟、册亨等地。上穿盘肩、右侧开扣、窄领、镶素色花边的短衣，戴绣花围腰，着青色宽裤，佩戴手镯银饰。婚前发辫绕头，婚后结发髻，用马尾编的网套束上并扎银簪，包花格头帕或青帕。在晴隆、普定和兴仁的大山等地，布依族妇女一身青色装束，上穿青色的窄领大襟衣，衣长及腿，下穿青色长裤，裤脚镶花饰，脚穿布鞋。年轻姑娘包银泡头帕。在兴义市和册亨的坡坪，贞丰的者相、牛场、龙场、城关等地，布依族妇女一般按照不同气候选择土布包头，天气炎热，中青年妇女喜欢包盘盘头，天气冷则喜欢包角头。而老年人一年四季都包角头。上装为窄领、胸宽、右侧开扣，青布盘肩并镶边，宽袖口，长衣，衣边缘前后皆呈弧形。下穿青色吊裆直筒裤，裤脚尺许。戴绣花围腰，穿绣花船形鞋或布鞋。佩戴玉镯和银饰。

贞丰布依族服饰　（周国茂摄）

黔南型服饰，流行于惠水、长顺、平塘、罗甸、龙里、贵定、都匀和贵阳一带。短衣斜领窄袖，袖镶花边，胸前戴银链绣花围腰，头戴蜡染花帕或花毛巾。下穿大口裤，裤脚镶花边。有的穿斜襟小袖衣，戴绣花围腰。成年妇女穿无领大襟衣，用青布帕制成帽形或筒形戴上。年轻姑娘则以发辫绕头，上扎彩带配银饰。

镇宁布依族服饰　（马启忠摄）

镇宁型服饰，主要流行于镇宁、六枝、普定、关岭等地。滚边短衣，系绸缎腰带，头戴织锦头帕，以粗发辫扎头巾，额上为织锦图案和数圈发辫。青年女性穿斜襟短衣，绣花盘肩，领圈挑花织锦，衣袖中间为织锦上下为蜡染。衣服下摆织锦镶边，胸前系挑花或织锦长围腰，浅色绸缎腰带，着蜡染百褶裙。头戴织锦头巾，耳边垂一束各色丝线做成的花须。已婚者的头饰更考究，以竹笋壳和布匹做成，形如撮箕，前圆后矩，先以青布缠裹，后系织锦绣花头帕。织锦、蜡染和刺绣都以几何图案为主。精美的服饰，一套通常要三五年才能做成。

盛装为红裙，系绛红色的蜡染布做成的百褶长裙，典雅庄重，多在重要场合穿。

威宁型服饰，主要流行于威宁的新发等地。妇女头包红布底挑绣的勒条带子和各色头帕，身穿大襟短衣和双层白布褂，衣襟为小圆领，右扣布纽。布褂内层为青蓝色，外层为白色，领为和尚领。袖粗，穿时卷袖于腕，衣长前至肚脐，后至腰部，边缘挑花刺绣。着百褶长裙或裤裙，裙缘镶杆栏等图案，前系白色围腰与裙同长。系蓝色腰带，于腰后打结，留带尾在裙子后摆上。未婚姑娘挽髻，头戴绣花勒条十余条，婚后改包头帕，在前额蒙成人字形，佩戴银饰。

布依族银饰品多种多样，历史悠久，独具风格。银饰品由专门的匠人制作。产品有手圈、项圈、银链、银扣、银梳、头围、插发针、耳环、银片、银泡等。布依族女性从头到脚均有点缀。

第五节　五色花米饭　多彩的生活

常言道："国以民为本，民以食为天。"饮食是人类生存和发展的最基本的物质基础。布依族人民在长期的历史进程中产生并形成了固有的丰富多彩的饮食文化。布依族是稻作农耕民族，其种植的作物主要有水稻、苞谷、小麦、荞子、红苕、洋芋等，以水稻为主食。布依族普遍喜食糯米，有"无糯不过节"，"无糯不成礼"之说。民间喜欢用一种专门的炊具"甑子"把糯米蒸成糯米饭。特别是在过年或办喜事时都要打糍粑、包粽子、酿糯米酒来招待宾客或作为走亲访友的礼品。糯米本身有"柔软、黏腻、香甜"的特性，布依族人赋予其"甜蜜、吉祥、富贵"的象征。

五色米饭是布依人的特产，不但色彩鲜艳，而且味道悠远。色彩一般有红、紫、黑、白、黄五种，所以叫"五色花米饭"。有的只染

红、黄、白三色，叫“三色花米饭”。每年的秋后，布依人就把上等的糯米挑选出来，单独放好留待做花饭用。到次年三月三民族传统节日时，到山上或房前屋后挖回几种可食用的野生植物，把这些植物的根、茎、花、叶分别捣碎，提取出红、黄、蓝三种色素做成可食用颜料，用来渲染泡好的糯米，再放到甑子里蒸熟，最后倒入簸箕内晾干。这样制成的五色花饭色彩缤纷，清香可口，可凉吃，也可蒸热再吃。喜甜食的，就加上点蜂蜜，又香又甜。五色代表百花，在节日里吃上五色饭，表示生活犹如百花一样灿烂，真可谓五色花米饭多彩的生活。

粽粑也是布依人喜欢吃的一种糯食品。包粽粑主要是在过“六月六”传统节日的时候，有的地方春节也包。包粽粑有着传统的做法，过程考究。主要原料是糯米、香料、猪肉。香料全部采用绿色天然植物。制作粽粑时，首先将糯米筛簸干净备用，再把金竹笋的笋壳叶(三月份剥笋子留下笋壳)、颖子秆、芝麻秆烧成灰，胡椒、八角、草果、芫西米、茴香籽、砂仁等香料炒后加工成粉末，猪肉切成长片并适当放盐和香料搓透。所需香料等东西准备好后，将糯米、笋壳灰、颖子秆灰、芝麻秆灰倒入糯米用力搅拌揉搓，灰渗透糯米后将余灰簸净。用猪油在锅里热好，熄火后将糯米倒入锅里，如要用油渣和在一起包的将油渣放入锅里进行搅拌，拌匀透油即舀出来，不能让糯米在锅里炒熟。加香料，一般是胡椒、八角、芫西、草果、茴香、砂仁等和盐巴进行搅拌，待米和香料互相渗透，用粽粑叶包。在包时，放生猪肉的每一个就放 1～2 片在中间，用谷草或粽粑叶秆撕成小条捆，形如枕头，故名枕头粑。做完粽粑后，就将其放在锅里煮熟。

布依族过春节杀年猪，除了制作腊肉，还制作肝胆生、风猪肝、血辣子、血豆腐等深具民族特色的食品。八块鸡也是布依族特有的待客佳肴。其做法是将鸡杀死整理干净后，砍成八块，鸡颈和鸡头连在一起，配上姜葱蒜花椒等佐料，清蒸或清炖熟后，即可盛在瓦钵里上桌享用。南盘江、红水河一带的布依族，杀年猪时喜欢吃半生不熟的猪血，布依语叫“更练达”。册亨一带的布依族喜欢吃牛灌肠。布依族人还喜食狗肉，尤以镇宁、关岭、紫云、兴义、兴仁、贞丰、贵定、都匀等地为最。著名的花江狗肉既是一种食品，也代表着一种文化，据称源于三国，流传至今，终登上大雅之堂，成为闻名全国的小吃，“花江狗肉一条街”享誉省内外。

布依族喜欢吃酸食。每餐饭几乎都有酸菜作佐食，尤其是在炎热的夏天，更必不可少。酸食开胃，既可避暑又能够增加食量。俗话说：“三天不吃酸，走路打偏偏。”独山盐酸菜，是贵州独山布依族地区著名的特产。独山布依族的盐酸菜源始于明代，最初多为家庭自制自食。真正成为商品进行大规模生产则是清代后期的事。清代，独山盐酸菜由于质量好、名声大，曾作为贡品进奉皇宫。新中国成立后，为发展民族副食品工业，建厂批量生产。独山盐酸菜以独山附近出产的一种优质青菜为主要原料，选取用粗壮鲜嫩的菜苔和嫩叶，经日晒、清洗后，再日晒一两天。将晒好的青菜用盐揉搓，排除部分水分，再入池盐渍。把盐渍好的青菜削去老叶、粗皮，用甜酒、糖拌匀，再按比例加入蒜苗、蒜头、辣椒粉、冰糖、食盐和适量白酒，调好后分坛包装，密封贮存，约两个月后即可食用。独山盐酸菜香气扑鼻，色泽鲜艳，菜绿椒红蒜白，十分好看；吃起来，口感酸中有辣，辣中有甜，甜中有咸，清香脆嫩，风味独特。

布依族热情好客，喜欢饮酒，有“无酒不成礼仪”之乡俗。布依人在生产生活中形成了浓厚的“酒文化”。平日待客离不开酒，节日或大事小事里更是离不开酒。节庆当中的祭祀、饮宴、奖赏、赠礼等仪式都要用酒。在婚姻习俗中要经历吃第一壶酒、吃第二壶酒等过程。客至先敬一碗酒，有的甚至以酒当茶。但其酒大都是用大米或包谷自酿的米酒。每年秋收过后，各家都要自酿几锅甜酒和烧酒，以待客或

自饮。较为著名的有糯米甜酒、糯米酒、刺藜酒、糯米烧窖酒和大米酒。米酒又叫“水酒”或“便当酒”，度数较低，有的只有十几度，这种酒醇和味美、甘甜爽口。过去，布依族还将猪、牛、马、狗骨头与米糁和腌藏，制作成一种叫“醅”的醪糟酒。通常在夏天舀出来兑泉水而饮，既解渴又消暑，饮多亦醉。据《大定府志》记载：仲家“饮食亦用木器，敛牛、马、鸡、犬骨，以米糁和而掩藏之，以酸臭为佳，名曰醅，称富积者田贮醅几世矣。”从布依族的饮食习惯可看出布依族是个崇尚礼仪、多情多意、喜酒好客、心地善良的民族。

第三章

山水精神　田园韵味

布依族的文化精神是在特定自然和社会环境中形成和发展的。山水田园的自然环境与悠久的稻作农耕生活，形成了布依人独具个性的稻作农耕文化。由于环境的作用，布依族的农耕文化又具有明显的山水精神和田园韵味，其文化内容诸如天人合一、人神亲和的哲学理念，自然随和、亲人善邻、热情好客的处世原则，为人谦和、秉公尚义、尊师重德、耕读传家、子孙孝贤的人生追求等，无不体现出对自然的礼敬和对人的尊重。布依族这种蕴涵山水精神和田园韵味的农耕文明，造就了布依人对自然、对社会、对人生充满热爱的情感态度，进而形成一种积极进取、谦让贵和、秉公尚义、宽厚包容的民族文化精神特质。历史上这些文化精神又以富于民族特色的神话传说、崇拜祭祀、舞蹈歌谣、象征隐喻等方式得以有效的表达和升华。在其民间文学和耕读文化中浸透着布依人惩恶扬善、歌颂勤劳的价值观念。

第一节　天人合一的交响

山水田园的地理环境使布依族先民获得得天独厚的生存条件，很少受到自然灾害的威胁，在优越的自然环境中他们左右逢源，悠然自

得地生活着，享尽大自然的无私恩赐，从而形成了布依族自然崇拜的思想和自然随和的文化气质。

古歌《十二层天 十二层海》，唱述的是布依族先民对于宇宙的认识，反映了布依族先民天人合一的世界观和对美好生活的向往和追求。这首长达三百余行的古歌，没有故事情节和具体的故事人物形象，它只是游记式地对天上和海底两个世界的生活情景进行了描绘。可是，这两个分别居住着天帝神仙、蛟龙鱼虾的世界，却充满了人间的生活情趣。比如，第二层天上栽种着棉花；第三层天上养满了鸡鸭鹅；第四层天上是彩虹打井造雨的地方；第五层天上住着天帝。有趣的是，在第六层“达哈”（即银河）的地方，竟是仙女们买卖粮食的市场。而到第十层，游历者（我们）居然要向住在这里的雷公讲理，要他多下点雨以利人间种的庄稼。海底的情况，虽然居住者不同，也仍然充满着浓厚的人间生活气息。比如，龙王也要打井，为的是让人间有水等。海底也要去做生意，也要去赶场。凡此种种，不难看出古歌积极、浪漫的丰富想象，乃是植根于现实生活的基础上的。[①] 布依族先民对天和海的分层的观念，具有明显的古代文明特征。张光直教授在其《考古专题六讲》一书中认为：“中国古代文明史的一个重大观念，是把世界分成不同的层次，其中主要的便是天和地。”天代表神界，地代表人间，而沟通天地的人物是巫觋。巫觋沟通天地神人时所需要借助的工具便是各种器物，其中包括神山、神树等。这是中国古代文明最主要的特征。今天，在布依族村寨还依旧存在的神山、神树，其实就是布依族先民沟通天地人神，实现天人合一、人神亲和的工具。

古歌《造万物歌》长达六百余行，它以宏大的篇幅、深刻的内容和别具风格的表现手法而引人注目，是布依族先民关于宇宙诞生、人类发祥、万物起源等问题的美妙猜想。它歌颂英雄翁杰、阿辉等以无

---

① 何积权，陈立浩主编．布依族文学史．贵阳：贵州民族出版社，1992：42～43.

穷的智慧、巨大的力量、超人的魄力为人类开天辟地、制造万物，使人们得到了生活和生产劳动的条件，以崇拜英雄的炽热之情讴歌了布依族先民的伟大创造和献身精神，以丰富的想象力表达人类征服自然力的理想时，处处流露出布依族先民的创造物与优美的自然环境融洽无间的美感。歌中不仅描绘了布依族村寨赏心悦目的景致，还描绘了在造天造地、造人造火、造山造水、造田造土、造桥造路、造棉造布等一系列过程中，人造物与自然环境融为一体、浑然天成的和谐关系，表现了人与人之间齐心协力、平易随和的日常生活。

神话《阿祖犁田》反映了布依族先民原始稻作农耕生活的情景。神话中阿祖为了排除滔天洪水，驾驭神牛，把大地犁成了高山、平地、河流，最后筋疲力尽倒在地上，变成了一座最大的高山。表现出了在灾害面前，布依族先民敢于斗争、英勇顽强、勤劳奋发、富于牺牲的精神。

传说《茫耶寻谷种》以生动而迷人的话语讲述了布依族先民从渔猎生活过渡到农耕生活的艰难过程，反映了谷种来源的重要性，以及人们在寻求谷种的过程中表现出的百折不挠的斗争精神。茫耶凭着自己的勇敢和智慧，克服征途上的重重险阻，战胜诸如毒蛇、猛兽、滔滔河水、冲天烈焰以及各种妖魔鬼怪，最终取得了谷种。从此，人们有了谷种，开始播种耕耘，开辟了水稻种植，促进了农业生产的发展，揭开了新生活的一页。可是，茫耶却因长途跋涉、奋力拼搏，劳累过度，献出了自己宝贵的生命。对于布依族人民来说，来之不易的金灿灿的谷子具有神圣的意义，布依族视谷种为灵魂，在布依语中谷种也是灵魂的意思。因此，对于茫耶的赞扬，就像阿祖犁田的伟岸形象及其豪迈感所唤起的民族永久的崇拜之情一样，人们倾其衷肠以赞扬这些英雄，以至于一提到农事农活就必然引起对这些古歌、神话和传说的传诵，对祖先业绩和精神的缅怀。可见稻作农耕文化在布依族人民

的生活中的重要意义和价值，似乎善种水稻就是这个民族与生俱来的天性。

布依族的古歌、神话和传说是布依族的集体之梦，它再现了民族远古的生活，铸造了民族文化的传统气质。这些气质左右着传统定式的发展，虽然经历了历史的变化，却难以根本移易。在布依族众多的文化气质中，如智慧、勤劳、朴实、直率、敦厚、坚韧、进取、自然、随和等，自然、随和是基调，它比其他因素更加突出，而且在后来的历史发展进程中也制约着民族心态和文化个性的发展。①

第二节 人神亲和的乐章

古人云："国之大事，在祀与戎。"（《左传·成公十三年》）战争，决定着国家的生死存亡；祭祀，则表现了人们对安定幸福生活的追求。"礼有五经，莫重于祭。"祭祀是中华文化的一部分，是儒家文化礼仪中的重要内容。一种文化得以诞生，并能在历史长河和社会变迁中延续和发展，总有其一定的合理性和必然性，布依族的祭祀文化也不例外。布依族的祭祀文化与布依族的历史一样悠久。布依族祭祀文化具有独到的民族特色，之所以能够绵延至今，与其本身的社会功能是分不开的。

一、庄严的祭祀与占卜

布依族是一个自然崇拜、祖宗崇拜和多神信仰的民族，祭祀活动起源极早，且内容丰富，具有独到的民族特色。今天布依族民间祭祀习俗活动仍有祭碑、祭山、祭祖、祭树、祭桥、祭水、祭田、扫火星、

---

① 韦启光，石朝江，赵崇南，佘正荣．布依族文化研究．贵阳：贵州人民出版社，1999：184.

祭宗祠、傩祭等。布依族先民的祭祀活动庄严神圣，除祭以猪、牛、羊之外，还要击鼓奏乐，仪式非常隆重。《宋史》载："僚人击铜鼓、沙锣以祀鬼神。"布依族祭祀习俗产生的具体年代无法考证，但根据人类宗教史的一般规律，大致产生于旧石器时代中晚期。当时布依族还处于原始部落阶段，人们的生产活动主要是狩猎和采集。进入农耕阶段后，祭祀活动进一步发展，祭祀习俗中农耕方面的祭祀就占了较大的比重。祭祀活动由全体氏族进行，而且派生出祭司这一宗教职业者。布依族"三月三"祭祀神山，是全寨全宗族的集体祭祀活动。

无论从历史还是现实角度考察，基于布依族的物质生活和精神生活而产生的布依族祭祀文化，对布依族的生产、生活和精神文明都产生了重要的影响，并且这种影响的文化价值和社会功能呈现多元属性。在古代，由于改造自然的能力相对较弱，无法应对人类社会和自然界的种种困难和障碍，因此，往往将生死祸福寄托于超自然的神灵，这在很大程度上增强了布依族战胜自然和困难的勇气，使他们获得某种程度上的安全感，并通过对神灵的信仰和依赖来取得心理和精神上的慰藉。布依族认为世间万物皆有灵性，因此，世间万物都是他们祭祀的对象。在布依族地区，过去由于疾病对人们的生存造成极大的威胁，人们在重病缠身时总是求助于神灵，希望通过神祇的帮助使人们远离病痛，祈祷多福多寿。当然，祭祀具有一定的宗教性。但是，随着社会的发展，特别是儒家文化的传入，布依族的自然崇拜、祖先崇拜亦变成一种以人文教化为主导的文化活动。于是，祭祀的宗教性便只是形式上的，并非祭祀活动的本质。人文教化的社会功能包括对民族成员心理的慰藉、行为的规范、伦理道德的倡导等。这种人文教化的社会规范功能，实际上就是指祭祀文化对布依族居民的行为方式的制约作用。虽然这种制约不是强制性的，但它却是布依族居民必须遵循的伦理道德。千百年来，布依族居民正是通过不断地积累和传承，形成

了仁爱孝悌、谦和礼让、诚实守信等良好的思想品德风貌。这些美德已经渗透到布依族居民生活的方方面面，成为人们立身处世的准则。①

总之，“万物本乎天，人本乎祖”。对自然人生本源的基本观念，是布依族自然崇拜和祖先崇拜在情理上的依据，是各种祭祀习俗能够始终如一得以传承的原因。

布依族的祭祀习俗又多与占卜习俗紧密相连，每次祭祀都要进行占卜以预测吉凶。布依族的占卜习俗分为战事、禳灾、婚丧、日常等，其占卜形式、器物基本相似，一般由祭司、摩公或巫觋主持。牛骨卜主要用于战事，出战前杀牛喝血酒盟誓，请祭司看牛卦，即牛的前腿骨，根据牛腿骨的骨相来卜算战情及战事的胜负，拿出决策。鸡骨卜主要用于婚事、丧事、禳灾等仪式。主要是看鸡翅上的大节骨或腿骨，从骨节中针眼的数量是否对称、方向等来预测事情的吉利程度。在布依族社会中，无论是事业功过、人财旺破、家境兴衰、登科及第、气运兴衰、祸福吉凶、天地阴阳、善恶真伪、预卜未来都可以用鸡骨卦占卦，并为之决断，其占卜内容细到架屋修桥、小儿生病、邻里口舌、出门求财、财物失窃等，几乎包括了布依族人民生活的各个方面。

布依族占鸡骨卜是古骆越人尚鸡卜的遗风。鸡卜是古骆越人、南越人相当盛行的祭祀方法。汉朝著名历史学家司马迁在《史记·孝武本纪》中说：“时是既灭南越，越人勇之乃言：越人俗信鬼，而其祠皆见鬼，数有效。昔东瓯王敬鬼，寿至百六十岁，后世怠慢，故衰耗。乃令越巫立越祝祠，安台抚坛，亦祠天神上帝百鬼，而以鸡卜。”“上信之，越祠鸡卜始用焉。”宋人范成大在《桂海虞衡志》中记述：“鸡卜，南人占法，以雄鸡雏执其两足，焚香祷所占，朴鸡杀之，拔两股骨，净洗，线束之。以竹筵插束处，使两骨相背于筵端，执竹再祝。左骨为侬，我也。右骨为人，人者所占事也。视两骨之侧所有细窍，

① 陈文林．布依族祭祀文化的社会功能初探．兴义民族师范学院学报，2011（2）．

以细竹筵长寸余遍插之，斜直偏正，各随窍之自然，以定吉凶。法有十八变，大抵直而正，或近骨者，多吉；曲而斜，或远骨者，多凶。”此外，宋人周去非的《岭外代答》、明人邝露的《赤雅》等文献中也有类似的介绍。文献中关于鸡卜方法的这些记载，与布依族占鸡骨卦的方法一致。

二、人与神的舞蹈：布依傩戏“哑面”

布依族仪式性傩戏“哑面”，是南北盘江地区布依族传统丧事的绕棺仪式中表演的哑剧性质的仪式性傩戏，是一种非常古老的傩戏。它的巫术意识最为强烈和直接，表演本身就是一个让死者重获生命的巫术仪式性活动，这在傩戏中是非常罕见的。其表现的性意识也是目前所见的傩戏中最为直白的，而且其表现形式更为单一和纯粹。它的面具的形式更具朴陋特色。

傩戏“哑面”的表演一般是在出殡的头一天晚上举行的绕棺仪式时进行。“哑面”表演的角色有四个：引导者、男子、女子、阿鲁。绕棺引导者不戴面具，一般由布依族的摩公（神职人员）扮演；男子为兄，戴面具，传说是从山上神仙洞中来的人，由男性村民扮演；女子为妹，戴面具，传说是从山上神仙洞中来的人，也由男性村民扮演；“阿鲁”，在布依语中的意思是“流浪行乞的人”，戴面具，传说是从山上神仙洞中来的人，由男性村民扮演。

表演者的衣着各不相同。绕棺引导者为常人衣着或摩公衣着，其余三人上穿兽皮（一般为羊皮），下围树叶裙（一般为芭蕉叶裙）。所戴面具均为笋壳制作。制作过程如下：用一个大笋壳，上部眼睛处挖两条缝，鼻子处挖两个小孔，然后用火碳棍画出眼睛、鼻子、嘴巴等，并在脸上画一些线条。面具分男女，男性面具的鼻子变形为男性生殖器的样子，女性面具的鼻子如常。

在整个表演中，绕棺引导者的钹声一停，其他三人就要对着棺材磕头作揖，还要做出擦眼泪伤心的样子。但三人并不会如常人一样横着擦拭眼泪，而是竖着擦拭眼泪；磕头作揖也不像常人是先上后下，而是只会生硬地竖着向下磕头作揖。全部的表演过程只有动作，没有一句台词。

布依傩戏面具 （周国茂摄）

傩文化是一种跨时代的文化现象，今天的戏剧脸谱造型多脱胎于傩戏面具。“哑面”的整个表演形式以及笋壳面具，都表明布依族仪式性傩戏“哑面”所包含的原始文化信息更为古老，是一种典型的源于本土文化的原始祭祀戏剧的遗存。学者们认为，其文化形态比彝族的变人戏“撮泰吉”还要古老，如果说“撮泰吉”是一种“亚傩戏”，那么，这种布依族丧事中的仪式性傩戏“哑面”则应该是一种“前傩戏”了。“哑面”戏中有较强的驱逐寓意，但主体上表现的又是明显的渊源于人类的模仿巫术，强调的是巫术的感染律和传导性。布依族仪式性傩戏“哑面”的存在，是贵州民族民间傩戏文化的另类存在。

三、铜鼓的力量

布依族的祭祀活动离不开铜鼓。铜鼓是布依族珍贵的文化遗产，在布依人心中铜鼓是圣物或神器，具有无比神圣的崇高威望。铜鼓，布依语称为“年”。布依族先民铸造铜鼓的历史悠久，据《通典》上记载：“五岭之南，人杂夷僚，以富为雄。铸铜为大鼓，初成，悬于庭中，置酒以招其类。人多构怨，欲相攻击，则鸣鼓，有鼓者号为都老。”都老，即布依语对酋长、头人的称呼。明代（弘治）《贵州图经新志》说：“仲家……铸铜为鼓。”据考古推断，铜鼓这种古老的打击乐器，是由古代铜釜演变而来。布依族人民对铜鼓十分珍爱，把它视为祖先传家宝。对铜鼓的保存、使用，布依族都有一整套习俗。

仪式中的铜鼓　（罗剑摄）

布依族保存的铜鼓，基本上属于“麻江型”，贵州省博物馆收藏的80面“麻江型”铜鼓，其中来自布依族地区的就有59面。“麻江型”铜鼓，面径一般不超过50厘米，鼓身分胸足两般，其中有突棱一道，偏条耳有孔，鼓面有太阳纹芒，晕分宽、狭，主晕饰“游旗纹”，其余常见的纹饰有山形纹、心形纹、云雷纹、水波纹、角形纹等。布依族地区几乎每个大寨子和家族都有一面到数面铜鼓。黔西南州的册亨县现今就保留有数十面铜鼓，最老的一面鼓是秦末汉初铸造的，余下为

唐、宋、元、明、清铸造，堪称稀世之宝。

布依族传统铜鼓谱有《铜鼓十二则》、《铜鼓十四则》、《铜鼓十八则》、《铜鼓二十四则》。《铜鼓十二则》的主要内容是：驱逐猛兽、恶神，御敌入侵，喜庆丰收，欢度佳节，祭祀祈福，悼念亲人，超度亡灵等。2006 年 6 月，由贞丰申报的《布依铜鼓十二则》已列为国家级非物质文化遗产保护名录。在布依族民间文学中也有许多与铜鼓有关的神话、传说、故事、歌谣，如《铜鼓的来历》、《铜鼓的传说》、《铜鼓风俗歌》、《铜鼓刷把舞》等无不与铜鼓息息相关。

铜鼓只使用于家族庆典、祭祀或重大活动，平时保存在有一定威望的人家。布依族每逢重大的民族传统节日，都要举行隆重的祭祀活动，特别是除夕之夜，全族家长会聚一堂，用好酒好菜祭祀铜鼓。然后由族长先击奏三响，其他人方能敲打为乐。击铜鼓有一定的鼓调，在节日敲击铜鼓，增加热烈气氛，在祭祀中敲击铜鼓则是将之视为祭典的重器。有的地方还伴以舞蹈，击之、舞之，其乐融融、其情肃穆。敲铜鼓者一手持槌击鼓面太阳纹，一手以小竹片同时敲击铜鼓边，使其一鼓发二音，让鼓心音和鼓边音构成音程，使铜鼓音色圆润，音量宏大，低音深沉，声若雷鸣，魄动心惊，表达布依族人民英勇骠悍、粗犷雄深、激昂热烈、庄严肃穆的民族性格与精神。

第三节　山与水的协奏

山之巍巍，水之淼淼，质朴悠远的布依“八音”古韵，与风中传来的阵阵木叶声，演绎出一曲曲山与水的协奏。在月明星稀之夜，在夜深人静之时，更让人百感交集。

一、悠远古韵——布依八音

布依八音亦称布依八音坐唱、八音坐弹，是布依族世代相传的一种民间传统说唱曲艺，主要流传于安顺关岭、镇宁至黔西南一带。因用牛骨胡、竹筒琴、直箫、月琴、三弦、芒锣、葫芦、短笛8种乐器合奏而得名。演出队伍8～14人不等，所唱生、旦、净、丑诸戏曲，不化妆。

布依族八音坐唱在布依语中叫“万播笛”，即吹奏弹唱的意思。在中国音乐史上，“八音”这个称谓最早出现在周秦时期。那时把乐器按制作材质的不同区分为“金、石、土、革、丝、木、匏、竹”八类，这就是“八音”，后来泛指为乐器。据传，布依八音的原型属于宫廷雅乐，以吹打为主。元明以后，由于布依族民族审美意识的作用，逐渐发展为以丝竹乐器为主伴奏表演的曲艺形式。据史料记载，早在唐宋时期，八音就流传于南北盘江的贵州兴义、安龙、册亨、望谟等布依族聚居区。宋人周去非在《岭外代答·平南乐》中称：“广西诸郡，多能合乐，城廊村落，祭祀、婚嫁、丧葬，无一不用乐，虽耕田亦必口乐相之，盖日闻鼓笛声也。每岁秋成，众招乐师教习弟子，听其音韵，鄙野无足听。唯浔州平南县，系古龚州，有旧教坊，乐堪整异，时有教坊得官，乱离至平南，教土人合乐，至今能传其声。”元明时期，八音演唱内容加入了民俗、喜庆的内容，并吸收了其他戏曲特点，大大丰富了演唱内容。到了清代，“八音以弹唱为营业之一种，所唱生、旦、净、丑诸戏曲，不化妆……”（据《清稗类钞》）至此，八音已发展成为曲艺演唱形式。明清时期，布依八音曾一度盛行。在盘江流域布依族村寨普遍开设有教乐坊“八音堂”，专门传授布依八音技艺，演出八音坐唱的八音队多时达到300余支。

新中国成立后，经专家学者调查认定八音为曲艺形式，为布依族的说唱艺术，定名为：布依族“八音坐唱”。近年来，布依族八音坐唱多次应邀参加国内外演出，因其源远流长、婉转优雅，民族特色浓郁而被誉为“盘江奇葩”，“凡间绝响、天籁之音”，“声音的活化石”，

“南盘江畔的艺术明珠”等。

大型八音坐唱表演　（周国茂摄）

八音坐唱的表演形式为八人分持牛骨胡、竹筒琴、直箫、月琴、三弦、芒锣、葫芦、短笛 8 种乐器围圈轮递说唱。表演以第一人称的“跳入”唱叙故事，以第三人称的“跳出”解说故事，也有加入勒朗、勒尤、木叶等布依族乐器进行伴奏的情形。演唱时，男艺人多采用高八度，女子则在原调上进行演唱，这样不仅可以产生强烈的音高和音色对比，还能增加演唱的情趣。演唱时唱腔用布依语，道白用汉语，有小嗓和平嗓之分，由乐队人员分担角色。曲牌有正调、正音、走音、自路板、长调、倒长调、反簧调、倒茶调、吃酒调等 30 多个，可单独演奏，也可边奏边唱。其旋律古朴流畅、悠美悦耳，常在民族节日、婚丧嫁娶、建房、祝寿、庆贺等场合演奏，是深受布依族人民喜爱的民族说唱艺术形式。最具代表性的传统节目主要有：《迎客调》、《贺喜堂》、《布依婚俗》、《敬酒歌》、《胡喜与南祥》、《唱王玉莲传》、《梁山伯与祝英台》等 40 余个。内容主要取材于布依民间口头文学，民间音乐和说唱艺术，表现出布依人民对生活的热爱、对丰收的向往、对爱情的追求和对丑恶的鞭挞。

八音坐唱是布依族人民在长期的生产与生活实践中逐步创造形成的，它深深扎根于布依族群众之中，具有鲜明的布依族民族特色和广泛的群众基础。八音坐唱既是布依族人民智慧的结晶，又是中国曲艺宝库中的瑰宝。

二、木叶声声——树叶也传情

风中传来的木叶，
声声沁湿了我的双眼。
梦里回旋的浪哨歌谣，
牵动着我的思念。

木叶是大自然赋予人类的天然乐器，流行于我国南方的各民族。利用一种叶面光滑、具有韧性的椭圆形树叶，通过各种吹奏技巧而发出的清脆、明亮的乐音。木叶摘取方便，随处都有。木叶吹奏历史悠久，自古以来就在我国一些民族中广泛流传。唐代杜佑《通典》就有记载："衔叶而啸，其声清震，橘叶尤善，或云卷芦叶为之，形如箛。"唐樊绰《蛮书》亦云："少年子弟暮夜游行闾巷，吹壶芦笙或吹树叶，声韵之中，皆寄情言，用相呼召。"

布依族青年男女都喜欢吹奏木叶，木叶是他们传情达意的媒介。一张方寸大小、信手拈来的木叶，半卷衔在两唇之间，轻轻一吹，就能吹奏出独特的乐声，演奏出世间无数美妙的音乐。既能吹出欢乐明快的曲调，又能演奏委婉缠绵的乐曲，还能模拟鸟啼虫鸣的声音，悠扬婉转。木叶既可独奏，也可合奏。布依族大多数民间歌手将木叶衔

在嘴上就可吹奏，而不用手。因此，他们可以边干农活边吹木叶，如边砍柴边吹木叶，边插秧边吹木叶等，同时进行不受影响。技艺高超的还可以同时吹奏两张或三张木叶，并且可以吹出不同的声调。千百年来，布依族青年男女凭借一张张普普通通的木叶，在月明星稀之夜，在夜深人静之时，在山水田园、翠竹绿树之间传递着彼此的深情，人间的恩爱。

木叶声声，婉转悠扬、悦耳动听、浸人心脾，让人仿佛置身于仙境一般，久久不能忘怀。它以自然的音响抒发情绪，表现人的各种细腻感情，揭示人的内心世界。那高亢、激昂、豪迈的曲调，能鼓舞人追忆过去、展望未来的豪情。那壮丽、辉煌、优美的曲调，能激发人热爱家乡、热爱民族、热爱生活的热情。那柔美、抒情、温存的曲调，能荡起人对爱情、婚姻、家庭的联想。那欢快、活泼、亲切的曲调，能唤起人对家乡小桥流水、莺歌燕舞式山水田园生活的向往。那沉重、悲壮、忧愁的曲调，能勾起人对祖先、逝者和亲人的追忆，令人怆然泪下。可以这样说，布依族木叶吹奏出山水之魂，民族之魂。

布依族的木叶吹奏现已从民间登上了艺术舞台，布依木叶王罗文军，就凭一张木叶，吹出羊场，吹出六盘水，吹出国门，吹向世界。他的专辑《木叶声声》畅销国内外。他在美国表演，技惊四座，演奏时所用的木叶，被美国人称之为“东方魔叶”。罗文军的木叶演奏，不仅弘扬了中华民族文化，还为祖国争得了荣誉。

三、布依民歌《好花红》

好花红，
好花开在刺藜蓬。
好花开在刺藜树，

哪朵向阳哪朵红。

几百年来，《好花红》这首曲调悠扬、旋律优美、气息清新、抑扬顿挫的布依族民歌，以言简意赅、寓意深刻的歌词，优美婉转的曲调旋律深受人们的喜爱，一直传唱不衰。《好花红》源于惠水县毛家苑乡辉油寨，这里田野开阔，村寨衬以奇山秀水，片片瓦房映在一片橘林之中。这里的布依人热闹好客，形成“无酒不成礼仪，有歌方算待客”的风俗，故又有“歌海橘乡”之称。他们以歌代言，以歌明礼，以歌抒情，以歌颂劳动，以歌表达感情。每当春暖花开时，河边、地坎以及山野路边，蓬蓬刺藜盛开，朵朵粉红色的刺藜花，带着湿润芳香的气息，盛开在翠绿色的刺藜蓬中，水灵灵，活鲜鲜向着太阳，艳红可爱。

好花红故乡　（陈玉平摄）

20世纪50年代，《好花红》从民间登上了正式的文艺舞台，登上了影视荧屏，从惠水唱到省城、唱到北京，唱遍了祖国的大江南北，为国内外听众所知晓，成为具有较高知名度的布依族民歌经典。1956年11月，惠水县举办第一届工农业余文艺会演，毛家苑的布依姑娘秦

跃珍、王琴惠两位歌手便演唱了这首歌曲，前来观摩演出的省里专家，又以《好花红》音乐素材进行第二度创作，使《好花红》进一步走上舞台。演出结束后，两人唱的《好花红》获得一等奖，被省广播电台录音播唱全国。

歌词中的刺藜花虽没有牡丹的华贵，也没有玫瑰的娇艳芬芳，只是待到春暖花开时躲在刺藜蓬中，水灵灵地向着太阳静静地开放，但它带着清新的山野之气，把人们带进优美宁静的山水田园间，展现出布依族人民崇尚自然、追求自由的精神境界。

第四节　束发读汉书

布依族“耕读文化”是在稻作农耕文化基础上吸收比较先进的儒家文化发展起来的，是汉文化与布依文化相融合的产物。

布依族在历史发展中所形成的对于生态环境和社会环境较强适应性的文化传统，铸造了一种“合金文化”的内在习性，这就使它能够较开放地对待环境的变化，在继承传统和变革传统之间保持着适度的张力。①

布依族受汉文化的影响较早。秦、汉时期，中原的汉族就已经与在夜郎地区的布依族先民发生经济和文化上的交往。汉代为了巩固对西南夷的统治，在各民族中推行羁縻政策与移民垦殖，在进行民族压迫和剥削的同时，客观上也加强了汉族在政治、经济、文化方面的影响，促进了民族交往和民族融合。布依族由于所处的自然地理环境较为优越，利于交通往来和信息交流，因而使得它的文化与习俗较贵州其他少数民族更多地受汉文化的影响。还在新中国成立前，陈国钧就

① 韦启光，石朝江，赵崇南，佘正荣．布依族文化研究．贵阳：贵州人民出版社，1999：178.

看到这一事实："在今贵州诸夷苗夷族中，受汉人文化影响最深者，惟夷族之仲家，其在诸苗夷族中原为文化最进步之一种，乃特别易于吸收并较占优势之汉人文化，复以仲家居于贵州中部汉人众多地带，与汉人杂处，常与汉人相接触之机会颇多，如此同居之文化顺应关系，遂于无形中被汉人同化。"[①]

布依族善于接受汉文化，与他们重视儒学，特别是明清时期可以参加科举考试，更激发了他们学习汉文化的积极性有很大的关系。他们不仅入学读书，还积极兴办学馆，形成了布依族独特的耕读文化事象。正如《布依族简史》所说："几百年来，读书人逐渐增多，他们读汉书，习汉礼，仿照汉人排字辈，修家谱。婚丧礼仪，部分地区也局部改从汉俗。富裕人家的室内陈设，神龛上供奉的神位，过年时张贴的春联、门神等，都仿照汉俗，是吸收汉文化的具体表现。"[②] 明清时期，读书应试的人逐渐增多，一些家境贫寒的农家子弟也有读书应试的人。如同治四年（1865 年）、八年（1869 年），荔波县布依族中的王姓和覃姓各一人被选为岁贡。从同治到宣统元年的四十多年间，就荔波县的布依族已有拔贡、恩贡、岁贡 11 人。此外，贞丰、兴义、平塘、独山等地均有应试中举者。

今天，在很多布依族村寨，我们仍然可以清晰地看到"耕读文化"的遗存，而且还在深深地影响着一个民族的发展。比如，织金县三甲乡大木戛布依族郭氏家族的学堂，已有将近 300 年的历史，至今从未中断。金沙县柿花乡布依族姚氏家族的学馆，也有近 200 年的历史。黔西县治中的布依族，通过兴办学馆，还出现了不少在当地小有名气的文化人，仅清末民初这段时间，诗词文章被收入县文史资料的就有 10 多人，收集到的流传下来的诗词作品据当地人士说已有 1000 多首。

① 贵州民族研究所．民族研究参考资料（第 15 集）．

② 《布依族简史》编写组．布依族简史．贵阳：贵州人民出版社，1984：145.

开阳县龙岗镇大荆村布依族莫氏家族的私宅和书院等遗址至今尚保留完好，而该县禾丰布依族苗族乡王车村的布依族陈氏家族，研习书法的传统世代相传，如今村里80%的人都在练习书法，老少都能“露一手”，被誉为书法村。这些文化现象在贵州的布依族村寨可说是不胜枚举。

布依族自然随和、中庸变通、开朗向上的民族文化个性，使其能够以开放的态度对待外来文化，并在发展中形成吸收兼容其他民族文化尤其是汉文化的“合金文化”特质，这是其文化发展的一大优势。当然，布依族文化在吸收汉文化比较先进内容的同时，也吸收了一些落后的东西，如婚姻关系中的父母包办、门第观念等。但是，先进的内容还是主要的，正是在吸收和学习汉文化中形成的耕读文化，才有布依族“耕读传家”这一民间观念的确立，这对布依族的发展影响是很大的。布依族对于生态环境和社会环境较强的适应性，使其在对外来文化兼容并蓄中确立了自身民族文化发展的总体价值导向。

正因为善于学习和吸收其他民族的优秀文化成果，布依族才逐渐形成了以热爱祖国、维护统一的爱国精神；以天人合一、人神亲和的哲学理念；以自然随和、亲人善邻、热情好客、宽厚包容的处世原则；以为人谦和、秉公尚义、尊师重德、耕读传家、子孙孝贤的人生追求为主要内容的民族传统文化。这一重要的民族传统文化内涵，对近代以来布依族民族整体素质的提高，民族文化精神特质和人格力量的形成，都有着重大而深远的影响。

今天，“耕读传家”仍是我们思想文化建设中不能忽视的民间观念，对这一重要文化传统给予关注，对于推动布依族地区经济社会转型和建设工业文明社会中精神家园的人文重构将具有重要启迪意义。

第四章

民族魂　山水情

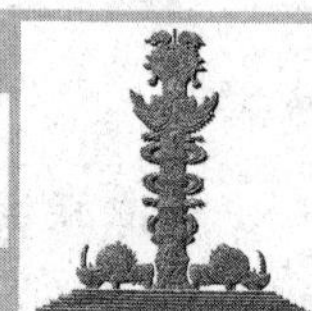

作为民族精神和文化的重要载体，布依族的语言文字、文献古籍、伦理道德以及人生礼仪、心灵世界、节庆民俗等，同样浸润着稻作农耕文化的特质，流淌着高原水乡的山水田园之情。布依语中最丰富的就是有关水田及由此引申出去的词汇。布依人的为人处世、人生习俗、信仰等体现的亦是农耕生活的需求。不管是表层的文化记忆，还是深层的文化积淀，都是穿越岁月的文化根脉，就像多彩的节日，深深地印刻在每个布依人的内心里。无论走到哪里，布依人挥之不去的就是记忆中的那山、那水、那人。

第一节　流淌岁月的文化根脉

在历史发展过程中，布依族形成了自己的语言，并自创了自成体系的布依族古文字，至今，民间仍散藏众多用布依族古文字撰写的摩经、傩书、歌谣等文献古籍。它们是布依族文化得以发展传承的重要载体，是布依民族的精神财富、精神动力和文化根脉。

一、作为文化符号的语言

布依语属汉藏语系壮侗语族壮傣语支（国外称侗台语族台语支），

它和同语族的壮语、侗语、傣语、仫佬语、水语、毛南语、黎语等有密切关系，和国外的泰语、老挝语、缅甸东部的掸语、越南北部的侬语、岱语、土语也很接近，特别是与壮语北部方言有许多共同点。实际上相当于壮语北部方言，国外有学者亦称之为“北泰”语。布依语是中国的大语言之一。

壮侗语族各种语言是从原始台语发展演变而来的。从原始台语发展到今天的壮侗语族及其若干语支中的各种语言，各种语言又发展为各种土语，勾画出了一种语言发展演变的历史轨迹。布依语分为三个土语，这是布依语在历史发展过程中，一些地区性差异逐步扩大，并创造了新的成分或吸收了一些外来语成分而形成的。如对汉语的借代，布依语中就有一些古代汉语的成分。

根据语音的差别和部分词汇的不同而划分的三个土语区是：第一土语区，又叫黔南土语区，包括望谟、册亨、贞丰、安龙、兴义、罗甸、独山、荔波等县和惠水、长顺、兴仁、紫云、关岭、镇宁、平塘、都匀等县的部分地区以及云南的罗平县等；第二土语区，又叫黔中土语区，包括贵阳、贵定、龙里、清镇、平坝、安顺、黔西、织金等县和惠水、长顺、都匀等县市大部分地区；第三土语区，又叫黔西土语区，包括镇宁、关岭、紫云、晴隆、普安、六枝、盘县、水城、威宁等县区和镇宁、关岭的大部分地区、紫云、兴仁、织金等县的小部分地区，还有四川的宁南县等。第一土语和第二土语的语音比较接近，相同或相近的词约在70％以上，相互交流较为容易。第三土语与第一、第二土语的语音差别较大，特别是镇宁扁担山一带的差别更加显著。第一土语和第三土语，相同或相近的词约有60％以上，而第二土语和第三土语，相同或相近的词只有50％多，相互交流较为困难。

作为壮侗语族的一种语言，布依语除了具有该语族共有的若干特点外，也具有自己的特点。在语音方面，声母中带有先喉塞成分的浊塞音 b 和 d、浊擦音 v 和 j，后者与不带先喉塞成分的 v 和 j 构成对应音位。有－p、－t、－k 这一套塞音韵尾。在词汇方面，单音节词占多数，在多音节词中合成词占的比重较大。在语法方面，量词可以单独用在名词前面，可以重叠，可以接受各类实词及其词组的修饰或限制，在一些场合还可以单独用作宾语。词组结合的语序也非常独特，比如，“某某寨”，布依语是“寨某某”；“大爷”，布依语是“爷大”；“再写”，布依语是“写再”等。布依语各地的词汇和语法比较一致，语音对应都比较整齐，没有方言的差别。

布依语是布依族文化的结晶，它承载着布依族人民世世代代创造的精神财富，并在一定程度上以其自身的结构反映着这个民族的文化结构。布依语的词汇十分丰富，反映布依人日常生活、生产劳动、婚姻家庭、伦理道德等具有民族特色的词汇很多。从发展的观点看，语言史和文化史是沿着平行的路线前进的，历史上存在过的各种文化现象，都不可避免地要在语言中留下一定的痕迹。透过现存的语言词汇，我们可以追溯到布依族的历史与文化。例如，“水田”一词，在布依语中读 na^2，在壮语、傣语中也读 na^2，临高话读 nia^2，侗语读 ja^5，毛南语读 Ja^5，仫佬语读 ra^2，水语读 ra^5，黎语读 ta^2。这一系列读音显示了一个递进过程，只有布依语与黎语有着较大的距离。若再以其他一些词汇进行对照，则前者的辅音 n 和后者的辅音 t，又有明显的对应关系，这表明它们早先的读音是相同的。由此可以看出，操布依语和上述其他语言的民族，在古代均属于百越民族。而百越民族在分化为今若干民族之前，就有“水田”一词，可见他们有着共同的稻作农耕文化。由“水田”一词引申出去，布依语中与“水”有关的词汇非常丰富，正是布依水乡、高原水乡文化特征的反映。从布依语这一文化事象，我们同样可以看到布依族稻作农耕文化的特色。同时，布依族在与其他民族长期的交往和生活中，不同语言相互接触、相互影响，如

布依语中有相当数量的汉语借代词，这些借代词的存在不仅大大地丰富了布依语的词汇，而且对研究汉族和布依族的文化交流和相互影响都很有价值。

语言不仅是一种文化的载体，而且是一种文化的符号或代码。布依语的深层结构在一定程度上反映了布依族文化的结构。语言学界有一种观点认为，语言有民族性，思维没有民族性。这一观点不无道理，但是正如马克思所说："语言是思维的直接现实。"一个民族的语言模式是否影响这个民族的思维方式，很有探讨的必要。布依族的语音系统，是对人类发音可能性的特定选择。人类发音器官可以发出各种各样的声音，一个民族不可能把所有的发音都用于语言，而只是选择其中的少量音位，作为辨别意义的因素。这实际上就是一种文化选择。[①]布依语是布依族人民的母语，在布依族聚居地区，群众的日常生活、生产劳动、喜庆节日，直到赶场互市，都使用本民族语言，懂汉语说汉语的人只是少数。在杂散居地区或城镇附近，懂汉语的人比较多，这些人虽然对外说汉语，在家里或和本族人交谈，仍然使用布依语。近年来，随着改革开放和经济社会的发展，文化教育事业的迅速普及和不断提高，无论聚居地区或杂散居地区，兼通汉语的人越来越多，有的地方，年轻人甚至只会说汉语，不会说本民族语了。尽管如此，在广大布依族地区，布依语仍是本民族间主要的交流工具。

二、走向天书的古文字

长期以来，布依族都被认为是没有自己文字的民族。20 世纪 50 年代，中央人民政府为了提高布依族人民的科学文化水平，组织有关专家为布依族创立了以拉丁字母为基础的标音布依文，并在一些布依族

① 韦启光，石朝江，赵崇南，佘正荣．布依族文化研究．贵阳：贵州人民出版社，1999：156、157.

地区试点推行。后经1981年、1985年两次修订，终于形成了独立完善的文字，并在贵州布依族地区广泛推行“双语文”教学。

但实际上在各地布依族民间一直流传着一种布依族古文字，被称为“土俗字”或“方块字”。主要有三种类型：第一种是比较抽象的符号；第二种是自创的表意文字和少量汉字；第三种是借用汉字造字法自创的方块字，常见于布依族文献古籍摩经之中。由于摩经只掌握在布摩先生手中，一般人很少接触到。2009年、2010年，连续两年，经国务院批准，贵州荔波县档案馆选送的布依族傩书、经书《献酒备用》、《接书神庙》、《接魂大全》、《关煞向书注解》等10部布依文古籍先后入选第二批和第三批《国家珍贵古籍名录》。为此，这些冷落民间多年的布依族古文字，开始受到关注和重视，布依族也因此被文化部认定为中国具有自己民族文字的18个少数民族之一。

布依族古文字是古代布依布摩先生的自行创制和传承、在布依族地区流传使用上千年，且至今仍在流传使用的文字。系表意的方块字，在音、形、义上自成系统。在造字方法上与汉字相似，大体依照象形、指事、形声、会意、转注、假借“六书”方法。如布依古字形“汏”，布依语读音为“达”，字义为“河流”。据不完全统计，在荔波县现存的布依族古文字至少在300字以上。

据专家近一个时期的研究，布依族人使用这些古文字的历史，可追溯至唐宋。这是可信的，因为在布依族摩经古籍中，如《古谢经》就有“矩州”、“广南西路”等地名的记载，对照汉文献史料的记载，这些地名都是唐宋年间设立的地方建制。据此可以推断，那时已有用于记录经书的方块布依字了。大胆地推断，还可能追溯到汉代，早在公元前3世纪初，秦始皇征服南方的“百越”，并在当时布依族先民分布的地区设置郡县，此时布依族先民百越人已经与大批南下的华夏人杂居共处了。到了汉代，中央王朝加强了对布依族先民分布地区的管

理和统治，向那里派驻军队和官吏。其中不乏中原汉族饱学之士，他们向布依族先民传播中原的汉族文化。也有布依族先民分布区的学人，到汉族地区求学，回归故里传授汉文化的，如盛览、尹珍等。汉语及汉字便在此时被布依族先民的上层人士所接纳，并最终根据汉字创制了本民族文字。布依族古文字，以及布依语中一些古代汉语的借代，亦从一个方面有力地印证了布依族受汉文化影响较早的这一历史事实。

册亨岩画的古文字 （周国茂摄）

用布依族古文字撰写的布依族文献古籍摩经、傩书以及民间文学等，长期以来散藏于民间，到底有多少，没有完整的统计。近年来，据荔波县文化部门的不完全统计，仅荔波全县现存民间的布依族文献古籍就有5000多册，其中傩书3000册左右，经书2000册左右。但遗憾的是，布依族的这些文献古籍大多在布摩先生手中，都是父传子、家族内传承或者拜师授徒的方式世代传袭。平时，一般人根本没有机会看到祖传下来的珍贵摩经、傩书。而且也只有布摩先生能够识读，对于大多数布依人来说，古文字就像天书一样。布依族古文字要走出天书的困境，还需要去做大量的工作。

三、布依人的摩经

摩经一直被布依族人民视为圣物，可以说是布依人的圣经。所谓摩经，就是布依族布摩在举行宗教仪式时念诵的经文。因布摩来源于布依族对宗教祭司布摩的称呼，所以布摩使用的经文就成了摩经。布依族摩经以经书形式出现，是在布依族古文字创立之后。布摩先生在布依族有着较高的社会地位，往往还成为寨老或村寨的自然领袖，主持较大的社会事务活动，排解纠纷等。布摩一般也是布依族中汉文化程度较高者，在布依族文化中扮演着十分重要的角色。他们对布依族文化的传承以及对促进布依汉文化交流等方面都起着重要作用，是研究布依族文化不容忽略的一个重要因素。

摩经按内容可分为两类：一是用于超度仪式的经典，称《殡亡经》，也称《殡凡经》、《古谢经》、《殡文经》等；另一类是用于祈福、禳灾、驱邪等宗教仪式，称为《解邦经》。其中用于超度仪式的经文又可以分为超度正常死亡和非正常死亡两种经文，译为《罕王经》、《招魂经》或《赎头经》。

摩经是布依族历史文化的结晶。尽管它是布依族在举行宗教祭仪、亡灵超度等过程中形成的一种配合仪式演唱的宗教经典，具有一定的局限性，但其丰富的文化内容使其不仅是布依族宗教世界、信仰世界、神秘世界的真实资料与宗教思想意识形态的真实反映，而且涉及政治、经济、社会、历史、哲学、语言、文学以及民族关系等内容，是布依族“百科全书”式的珍贵文献。

摩经的价值主要体现在：一是摩经中有大量关于人类起源的神话和古歌，如《洪水潮天》、《葫西姊妹造人烟》、《葫芦救人》、《兄妹成亲》、《迪进迪造人烟》等。二是摩经中某些古歌反映了布依族原始社

会末期的社会历史，其最具代表性的作品是《安王与祖王》。三是摩经中反映了布依族先民对宇宙万物来源的看法，如《十二层天 十二层海》唱述了布依族先民对宇宙的认识。四是摩经中反映的伦理道德观念，是布依族处理社会成员之间、邻里之间以及家庭成员之间相互关系的基本准则，这些准则是通过“训诫”的方式表现出来的。例如，在《嘱咐词》中亡灵对生者的嘱咐，就有善恶两种行为的不同态度。《忆恩歌》、《孤儿歌》等在对父母恩情的追忆中教导人们应该报答恩情，不忘父母养育之恩，要勤劳、简朴、敬老爱幼和互相帮助等。[①]

摩经文献　（周国茂摄）

第二节　布依的为人处世

特定的自然地理环境和稻作农耕文化，使布依人在漫长的历史发展中形成了自己民族的生活方式和思维方式，以及独特的伦理道德认

① http://210.40.132.140/informationdep/RcadNews.asp? NewsID=3806.

知、道德情感和道德行为，构成了布依族民族道德的心理结构和特有的为人处世原则。

一、为人谦和、讲礼节、重诚信

布依族讲究谈吐文明，注重言行礼仪，相互尊重。在与人交往中很讲究言行举止，尤其注意相互间的称呼。人们相互交谈时，常把“请”和“老”两个字放在话语前，以示谦虚和对对方的尊重。如果在人面前不谦虚、不热情、不用尊称而直接谈话，被视为不懂礼节，招人反感。与比自己岁数大的人交谈，不能直呼其名，对方年龄比自己大一二十岁的，男的称为“颇拢”（大爹），女的称为“乜怕”（大妈）；再大一点的老人，男的称“褒”（大爷），女的称“雅”（奶奶），或称“褒大”（外公）、“雅傣”（外婆）等。对自己则要自称“唯”（奴的意思），不能称“故”（我的意思），“故”是对下一辈讲的。平辈相见，男壮年称为“比”（大哥）或者“俵”（老表），女的称为“写”（姐）或“俵”（表姐），自称“发”（我的谦称）。年轻人不论男女，都称“老表”。对生人或初认识的朋友讲话多使用“唯”来自称。男子与女子，小辈与老辈，年小与年老的讲话，都要避讳。不懂称呼，说粗话的人，不受人欢迎。与人相约，要讲诚信，失信就要受到谴责。人们自尊、自信，但不自傲，对任何人都抱着非常淳朴的态度。为人忠诚、正直、勤劳是布依族的人生信条。心地善良，为自己而损害别人的行为非常罕见。

二、亲仁善邻、团结友爱、互助互济、助人为乐

在布依族社会中，邻里和亲戚关系历来都有为传统道德提倡的团结协作、互相帮助的义务。这一传统美德可谓历史悠久，据《赤雅》记载：布依人“有无相资，一无所吝”；清光绪《归顺直隶州

（靖西）志》卷三也说："春耕通力合作，田地多少勿较也，秋收也然。"遇有谁家建造房屋"亲戚恒赠钱米，以周其难"。布依族人们自古就有"一家有事百家帮"的传统习俗。不管谁家有大事小事，如婚娶、丧葬、起房造屋等，邻里和亲戚都会主动帮忙，而且这种帮助都是无偿的。若是谁家遇到了重病或灾祸，邻里和亲戚都会主动带上礼品前去问候。大家不但出力，还要捐钱、捐粮、捐物相帮。如果有哪一个家庭对这类事情视而不见、听而不闻，就要受到舆论的谴责。

三、热情好客、待人真诚、性情直爽

对来访之客盛情款待，以客为重，是布依族的待客原则。不论是本族人还是外族人，是本乡人还是外乡人，是亲朋好友还是陌生人，只要走到布依族人家，都会被视为客人受到热情的款待。只要寨子里有你的一个熟人或朋友，整个寨子的同龄人也都是你的熟人或朋友。就是从不相识，只要你进到寨子里的任何一家，说明是过路投宿或是做什么事，主人都会热情接待，用最好吃的东西款待你，要是第二天你要赶路，主人还会给你包上午饭。客人到家，主人感到的是体面和光彩，热情待客。邻居之间，有客人来要相互请来陪客。陪客者往往还要顺便带些酒和菜，以表达自己的心意。客人离去要把客人送出寨子，一路频频嘱咐："再来作客。"

客人来了，首先让座、装烟、倒茶，然后给客人倒上一大碗米酒。以酒待客，以烟敬客，这是布依族平时招待来访一会儿就走的客人的方式。对远道专程而来的尊贵客人，主人家要出来热情迎接，从老到幼一一招呼，把客人迎接进屋。客人进家坐下后，媳妇要赶紧敬烟敬茶。杀鸡宰鸭，飨以酒宴。在款待客人的宴席中，在堂屋中靠神龛那一方为上方，是上席或上位，是年岁最大的长辈、族长、寨老或客人坐的地方。宴席上少不了吃鸡肉，按礼节，要把鸡砍成头、腿、胯、翅、胸、肝、尾、爪八大块。首先把鸡头拈敬主客或长者，如果主客或长者年高少牙或无牙，就敬鸡肝，以示掏心肝孝敬；鸡翅敬给年轻人，祝他们展翅高飞；鸡爪敬给生意人，祝他们抓钱发财；鸡胯敬给寨老或族长，感谢对家族晚辈的保护；鸡胸脯敬给从政者，以示他心胸开阔，施政为民；鸡尾（称凤尾）敬给陪客人，意为龙凤合席，吉祥如意；鸡腿给小孩，意思是让小孩脚赶硬，长得结实。布依族对外族客人同样十分热情，当一个外族人能懂得和尊重他们的风俗时，他们是非常高兴的，常以接待贵宾的礼节来接待尊重他们风俗习惯的外族客人。这种热情好客，以诚待客之风，表现布依族对人友好、亲切的真挚感情，反映了布依人的美好心灵和善良品格。

第三节　农耕民族的人生仪礼

人生仪礼是指在一生中几个重要环节需经过的具有一定仪式的行为过程，主要包括诞生礼、成年礼、婚礼和葬礼等。布依族在人生每一个重要的阶段都有举行人生仪礼的习俗。

一、成年的礼俗

荔波一带的布依族成年礼俗称为“做桥”。布依族男青年长到 18 岁时，要请布依先生做一次“桥”，类似于汉族的成人礼，寓意小伙子从此可以独立生活了。到了结婚成家夫妻生第一个小孩时，又要再做一次“桥”，表示男人从此要承担起为家庭、为妻儿遮风避雨的责任。据说，在农村地区布依族男子经过“做桥”仪式的洗礼，一般很少离婚，更多的是讲究对家的责任。

“做桥”活动，时间最短两三天，最长可达 7 天。一般分为堂内祭

祀和堂外表演布依傩戏两个部分。堂内祭祀主要是由傩书先生唱念，并挂36路神像画案，代表布依族信奉的36路神仙。唱的内容包括万岁天尊圣母、花林、托生、六乔、沙罗、三界公爷、三元、师公、师傅、社王、三祖、孤独等神灵，每个神灵都有一张相应的面具。

成年礼俗“做桥”　（陈玉平摄）

堂外表演的布依傩戏起源可追溯到原始社会的“傩祭”、“傩舞”，即先民们戴着神和猛兽的面具舞蹈，旨在驱邪酬神、消灾祈神于这种祭祀歌舞仪式的综合艺术。后来，布依傩戏吸收了明代“调北征南”时期，大批军队和移民进入贵州带来的中原和江南等地流传的傩戏文化元素，将外来的傩戏文化与贵州地域文化结合，形成了独具特色的布依傩戏。

荔波尧古“傩戏”最早用于布依“做桥”、“烧香”、“还愿”等“傩坛祭祀”，流传至今已有半个世纪。主要表演剧目有《蒙官断案》、《瑶伙计打山》、《龙公卖牌》、《杨家将》、《朱买臣卖柴》、《文龙妻等夫》、《丁兰雕偶敬爷娘》、《孟姜女哭长城》、《梁山伯与祝英台》、《汉朋妻龙女》、《董萱公而忘家》、《孟宗哭冬笋》、《董永卖身葬父》、《王祥打鱼救母娘》、《贡经双女孝父》、《大灾杀子救母亲》等。这些剧目多取材于中国古代征战故事，糅进神话传奇，杂以乡间吉语，集话剧、歌剧、舞剧为一体。剧中人物有将军、先锋、文官、武官、副将、妇孺等形象。表演者穿着傩戏戏服，服饰瑰丽多彩，脸戴 10 多种面具。面具均用木质雕刻成型，造型奇特、色彩神秘、栩栩如生，其舞姿粗犷，娱人娱神，独具特色。使用的乐器有大鼓、马锣、大钵、小钵、包锣、小巧、点子、大号、唢呐等。所有表演全部用布依语唱念。

二、别样的婚姻

婚姻作为民俗现象，其内容主要包括婚姻的形态和婚姻仪礼两个方面。布依族的婚姻形态是一夫一妻制。婚姻关系有姑表婚或姨表婚，但同姓、同宗坚决不能结婚，讲究辈份相同。过去缔结姻缘，多数是父母包办，如今大多数是自由恋爱。但婚姻毕竟是人生之大事，作为年轻人成长过程中新身份和权力的确立，以及责任和义务的担当，布依人非常重视婚姻仪礼，包括婚姻缔结过程中择偶、订亲、订婚和婚礼等。对布依人来说，无论其家境多么困难，结婚时都会举办婚礼。

1. 择偶。

布依人择偶有两种形式：一种是父母全权包办，一切均由父母说了算。在家长作主的包办婚姻中，一般都注重门当户对，既要看家庭家风，衡量对方的品德，还要看个人的才能，考虑建立家庭后过日子的问题等。因此，往往把旧姻亲作为较理想的选择对象，讲究亲连亲、戚连戚，姑表、姨表亲等。另一种形式是青年通过“浪哨”自由恋爱缔结婚姻。“浪哨”是布依语，“浪”是坐，“哨”是姑娘，为寻找女朋友的意思。反之，对姑娘来说，她们寻找男朋友则称为“浪貌”（“貌”指小伙子）。“浪哨”、“浪貌”是布依族男女青年的主要交往方式和择偶习俗，不仅仅是布依族青年男女自由恋爱、追求异性的恋爱活动，

更是布依族男女异性之间特有的古朴的社交活动，极具民族特色。

“浪哨”一般在传统节日、赶场、走亲访友或喜庆活动中进行。在传统节日，未婚女青年常常聚集在歌场或风景秀丽的地方，吹奏木叶，召唤外村的男青年，在草坪上对唱情歌、甩花苞，相互试探对方是否已有配偶。如果双方都没有配偶，便可以交往，通过“浪哨”、“浪貌”、对歌建立感情。每逢赶场天，也是小伙子和姑娘们“浪哨”、“浪貌”的好机会。他们来到城镇上，寻找自己的意中人。一个姑娘若被某个小伙看中，男方便会主动接近，有意攀谈对歌。姑娘如果认为对方不称心，便会以“我们原本是兄妹，怎好往来交朋友”的歌词婉言谢绝而各自西东。若两个男女青年一见钟情，相互仰慕，便相随在田坎、路旁、草坪、林间，或坐或立，你唱我和地开始对歌，用唱歌来表达心意增进了解。歌声悠扬婉转，意蓄情深。大多要到夕阳西下，月挂树梢，双方才依依不舍地分别回家，期待着下一次“浪哨”，再来相会。经过多次“浪哨”，相互了解，建立了感情。待到双方认为可以成为终身伴侣，男方就会向女方提出求婚，若女方欣然应允，男方家就请媒人到女方家提亲，女方家长有无意见也由媒人转达。

2. 定亲。

男方家请媒人到女方家说亲，要带上酒和糖点，俗称“找酒喝”。媒人说亲，一般要往返好几次，做到“三回九转”才能确定下亲来。先后要吃三壶酒，第一壶称为“提亲酒”，试探女家口气。若女方家同意，即把酒收下，若不同意，请媒人原样提回。但碍于情面大多数都是先把礼物收下，考虑一段时间再说。待过一段时间，男方家又请媒人提第二壶酒去“复媒”，进一步确认亲事。这时女方家父母已通过各种方式了解男方家的经济情况，未来夫婿的才貌、人品等情况，经过反复了解和思考，若对未来的夫婿家不满意，就会对媒人说：“我家姑娘还小，还不懂事，不会挑花绣朵，现在我家人手少，等她长大了再说”等婉言谢绝的话。如是这样，媒人也就知趣不再上门。若同意这门亲事，女方父母就会对媒人说：“我们家姑娘只会做力气活路，只要人家不嫌我们家姑娘不会挑花绣朵，不会做家务活，我们倒没有意见，年轻人同意就行。”说定以后，就可吃第三壶酒了。这第三壶酒才叫“定亲酒”。男方家要按女方家族户数的多少，各准备一家一瓶酒、一包糕点、一块肉，请媒人带到女方家，举行定亲仪式。女方的父母将礼品向家族一一发送，并备酒宴请家族中长辈陪酒，席间将媒人带来的酒拿给各位长辈斟饮，俗称“吃纳话酒”或“吃允口酒”，其目的也是向家族人告知自家的女儿已和某村某寨的某某定亲了。

3. 发八字。

定亲后，结婚日期要由男方家根据女方的生辰八字来择定，所以在结婚前要举行发八字仪式。由男方家请家族中的几个人陪同媒人，带上男方的生辰八字（“庚书筒”）和彩礼到女方家。彩礼一般有衣料、一对鸡、三对红烛、三饼爆竹、前七斤后八斤的两只猪腿、烟酒、糖果、糕点等。过去布依族结婚，不大讲究彩礼，却很讲究礼节礼仪。彩礼多少，由男方家量力而行，能拿出多少就算多少，嫁妆也由女方家量力而行，陪嫁什么算什么。女方家要把彩礼在堂屋神龛前的八仙桌上一一摆好，“庚书筒”要放在神龛上，并点燃红烛。然后，杀鸡祭祖。祭祀完毕，开给“八字”。“八字”严格按男左女右竖版书写。来女方家之前，男方家用一张红纸做成书状“红封”，名曰“书庚”，并写上书庚二字。里面一张红纸左上角写上“乾”，右上角写上“坤”两个大字，在“乾”字的左下方写上男方的出生年、月、日、时，均用天干地支表述。“坤”字的右下方，女方家则请人把姑娘的“八字”写上，并将“天作之合”的另一半写完。书写完后将五谷盐茶与书庚一起装入红封中，以示祝愿家庭和睦，吃穿不愁，生活幸福美好。有的地方还要看鸡卦，进行预测，并将看好的鸡卦用红纸包好一起放入

“庚书”中，第二天，由媒人将其带回男方家。此后，男方家长将男女双方的八字拿请先生，按天干地支、金木水火土、阴阳五行推算，测订婚礼日期。

4. 结婚。

婚礼前一天，男方家请人带礼品和礼金去女方家接亲。去接亲的人有媒人，两个押礼人，两个父母双全、家境较好，布依语称“吉颂”的童男，背彩礼的数人，一般是不同辈的族人或亲戚。两个童男各提一只宫廷长方形小灯笼走在前面，临近女方家时就放鞭炮，作为接亲人到来的信号。人到达时，女方家迎亲的人早已等候了。通过进大门前说“四句”方式的盘问，到进入堂屋摆礼等一系列仪式后，女方家才举行酒宴款待宾客。

迎亲队伍走过油菜花地　（吴东俊摄）

发亲的时间需用男女双方八字推算来决定，一般安排在丑时的较多。发亲前先由女方父母在堂屋的神龛前燃香点烛，并摆上四盘八碗祭祀祖宗。新娘梳妆打扮穿戴完毕，里外一新的新娘来到堂屋向祖宗神位叩头告别。新娘的长辈要对新娘祝福，新娘接受祝福后，转身走出大门，出门后一直往前，不能回头看，一起前行的还有两名未婚女伴，俗称“伴娘”。当新娘跨出大门时，两名童男提着灯笼早已等候在大门外面了，待新娘走出，他们便一前一后走在新娘和伴娘之间。新娘出发之后，天亮了，送亲的队伍才在接亲头和媒人的带领下，和嫁妆一起才开始出发。女方送亲的人一般是男女各半。

新娘一行到男方家住地时，若时辰到，女方就可以进屋，但男方家所有直系亲人要避让。男方家请两位儿女双全，德高望重的老人“圆亲”，又叫“接纳”。此时男方家堂屋灯火通明，神位前早已安放一张四方大桌，桌上摆有六盘水果、糕点，桌前放一折叠好的凉席供一对新人拜堂用。大门内侧放一马鞍，鞍下燃点七星灯，在神龛前点香烛，烧钱纸。大门是虚掩着的，或是用写有双喜或福字的红纸将门封上。新娘到后，不受任何阻拦，用手推开大门跨过马鞍直接进入堂屋。新娘走到神龛前，把摆好的四个空酒杯斟满，敬祭祖宗，表示新娘是这个家的人了。新郎在新娘未进堂屋之前，就已在堂屋等候了，新娘推门进屋，新郎就将手上提着的鞭炮点燃，炸响着向门外走去，在门口将鞭炮放完。听到爆竹响过后，其家人方能聚拢来。拜堂前，新娘要用新郎洗过的毛巾也象征性地洗一次脸，称为洗“孝和脸”。也就是喻为同洗一盆水，夫唱妇随，夫妻恩爱，全家和睦。行拜堂礼的过程与汉族相同。拜毕，“圆亲”人将新娘与伴娘领入新房，并将事先准备好的一碗甜酒粑端递给新娘吃，预祝新娘新郎今后生活甜甜蜜蜜、圆圆满满。之后，新娘等人稍事休息，等送亲的大队人马快要到时，新娘及伴娘从侧门走出屋外去路上迎接送亲的人。

送亲人到来时，男方家仍然要以隆重的礼仪迎接，在院子门口、院子里、堂屋大门槛前各放一张桌子，每张桌子上放一个装有香烟的盘子、一壶酒、两个酒杯，由两个熟悉礼节礼仪会说“四句”的中年

人迎亲，称为“踩华堂”。送亲的两个客头走到第一张桌子前，与迎亲人相互施礼，但不能喝酒，只是将酒杯端起来，从肩上往后一倒，表示送给鬼神，然后把酒杯扣在桌子上。走到第二张桌子前，施礼，把杯里的酒用手指蘸着弹出三次，再洒些在地上，表示敬天地。走到第三张桌子前，这一关就没有头两关好过了。一问一答，主客之间以说四句的形式进行一番智力竞赛，对答不上就要喝酒。

迎亲：一张桌子顿大门，亲公来到我来迎；
水阔平湖路遥远，翻山越岭受艰辛。
送亲：远望青山一座城，不觉来到主家门；
八仙桌子当堂顿，铺毯接彩来奉迎。
迎亲：虽是桃李正相遇，难堪宴食馈佳宾；
一言家贫实不便，依得古礼今不成。
送亲：九十九道石梯子，三十三道六合门；
桌上顿起双杯酒，满满葡萄酒一瓶。
迎亲：高亲贵脚踏贱地，不嫌寒门结珠城。
客来无茶又无水，仅此淡酒来奉迎。
送亲：亲公执壶将酒倒，主家殷勤把客迎；
今日喝了主家酒，阳雀过山远传名。
迎亲：一杯酒，竹叶青，倒在杯中放光明；
二杯酒，竹叶黄，芝兰美酒百花香。
迎奉众亲，转酒三巡——
……

婚宴，过去要办 3 天，现在人们自愿改革，一般都只办一天。结婚的这一天，新娘家送亲客一般有五六桌，也有七八桌的，不管来多少，新郎家不能简慢。按照 3 天的习俗，进亲后的第二天是“挂红”，第三天是“拜茶”。整个婚礼过程中，有踩华堂、抽枕头、送客衣、交红、送新郎、挂红、坐夜宴、送大人、叫礼、参厨、谢主、送客等十几个礼仪。每个礼仪都有各自的内容，多以唱歌的形式表达，内容丰富多彩，形式古朴典雅，呈现出浓厚的民族特色。在新婚待客期内，每次入席吃饭，新娘都要由伴娘相陪固定在堂屋右边第二桌靠墙壁侧身站着吃饭，由陪伴的伴娘给其拈菜，表示尊敬祖宗，孝顺公婆，和睦姑嫂妯娌。结婚当天，伴娘与新娘同宿，新郎不能到新房内过夜。婚礼结束，新娘随送亲队伍返回。

退亲那天，中午摆席时，桌上不摆筷子，送亲人唱“要筷子歌”，主人唱“送筷子歌”后才上筷子。意思是主人欲留客，不要客人走。饭后，举行退亲仪式。新郎家要准备一只猪后腿、一壶等量的酒，并贴上表示吉庆的红纸条作为礼物。再次燃香点烛，烧纸钱、敲高磬祭祀祖宗。送亲客头要进屋行道谢礼。主人再次挽留，把大门关上，客人要唱开门歌并喝酒。礼毕，男客人“骑”长凳做的木马回程。骑马的人要颂赞词，准备“饲料”（数枚一角的硬币）喂马。要唱《道谢歌》才能离去，其间，姑娘们则用竹丫、树条抽打骑马人，彼此互相嬉戏，尽情欢娱。客人上路了，主人家还要唱歌相送，客人同样以歌告辞，唱唱走走，走走停停，有的要送出几里路。

5. 不落夫家。

过去，布依族妇女结婚后，一般都有不落夫家的习俗，往往要一两年后才到丈夫家。期间，如果男方家多次来接都没有结果，就会采取一种强行的“戴假壳”习俗方式把新娘接走。假壳是用竹笋壳和布料制作，形状很像簸箕。男方家的母亲、嫂嫂或亲戚中的两个女子，携带一只鸡、一些糕点和这顶“假壳”帽，悄悄地溜到姑娘家附近，找一隐蔽的地方躲起来，等新娘出现，趁其不备，突然出击将其抱住，

强行解开她的头发戴上假壳，从此，新娘就服服贴贴地住到夫家，开始夫妻生活。

三、神圣的丧礼

布依族古代实行过两次葬，即瓦罐拣骨葬（瓮棺葬）和火葬，明、清朝以后逐渐使用土葬。明代郭子章《黔记诸夷仲家》中说：“丧，食尚鱼虾，而忌禽兽之肉，葬以伞盖墓，期年而焚之，祭以枯鱼。”实行瓮棺葬有三种情况：一是新坟安埋数年，若遇家中不吉不顺者即请祭师占卜，认为是该坟作祟才进行迁坟；二是布依族有“停棺待葬”的习俗，按死者八字推算不适宜当年安葬者，须将棺材抬到山上放置数年后再卜吉期安葬；三是对非正常死亡者的尸体须经火化后安葬。以上三种情况都是用俗称“金坛”的陶瓮或陶罐收殓骨骸安葬，故曰“瓮棺葬”。此风俗在今布依族部分地区还有。布依族有自己一套完整的丧葬仪式，其葬俗礼仪一般分报丧、居丧、安葬三个阶段。

1．报丧。

老人病危时，全家大小要轮流守候在身边，儿子要等待送终。快咽气时，要将老人移入堂屋神龛前侍候。老人落气时，烧三斤六两“倒头纸”和鸣放鞭炮，以示老人“归天”，向家族邻居报丧。家族人员到后，与家人共同商量安排丧事。安葬日期择定后，派人向远亲远戚报丧。报丧人来到亲友家门口，只能在屋外呼报，用几张钱纸点燃丢在院子的灰池里，亲友得到丧信后，就开始准备祭祀之物，待对方在路口向死者祭祀后，报丧人方可进屋内。

2．居丧。

停置。人死后，分别男女，给老人沐浴，理发剃须，梳头洗脸，穿寿衣，并将一块银币放入口中，称“含口钱”（到闭棺时取出）。将遗体移至堂屋正中神龛前的木板上，顺梁停放，大门头、神位以及死者头部用白纸蒙上，身上盖上白布单，用一个铧口反扑在胸口上。做一碗饭、一盘鸡蛋供奉死者，死者头边点盏七星灯，打一个泥坨插香，要香火不断。孝子孝女披麻戴孝，孝子要腰系草索，脚穿草鞋。

穿衣。死者入殓前的穿插戴从头到脚要全部换新，衣裤（裙）穿单不穿双，且只能用平纱布料或丝绸缝制，衣扣只能用布扣或棉线系拴，有条件的，要先裹上丝绵，再穿衣裤，脚穿家人自做的布鞋袜。穿戴好后，择吉时入殓。

布依族丧俗　（周国茂摄）

入殓。入殓前要先在屋檐四角各扯一根茅草，将其插在棺材四个角上，等摩师做完仪式后，将棺材内铺上白纸、钱纸，尸体方可入棺。尸体入棺时不能直接用手抬，要用一块白布作“兜单”，抓住“兜单”四角及中部，将尸体抬起放入棺内。尸体入棺后，落气时放在其嘴里的“含口钱”须取出。入殓的时辰很重要，时辰不合不能入殓。

祭祀。丧家要在正房屋顶插上一棵顶端带叶并系上一条像梯子样的“魂幡”的大竹竿，以供死者顺利踏上归天的路。魂幡是布依族独

特的祭祀用物，一般是用棉纱或麻线编织的土布制作而成，幡长一丈二尺，宽一尺。死者生前不管家境如何，都要请人用竹片和白纸、彩纸制作成金碧辉煌的三层塔式走马转角楼房，并点上蜡烛，俗称“香亭”。其次，还要制作“望山钱”，“望山钱”也是用白棉纸染成红绿黄各色并剪扎成形后再用竹片穿扎成圆圈花筒状，长约一丈二尺，直径一尺六寸，每10岁为一道花圈，不足10岁按10岁制作。同样“望山钱”也是用顶端带叶的大竹竿捆吊在家门前的大树上。如果双亲已故其一，则挂一笼“望山钱”，双亲已不在世的则挂两笼。其目的是向参加吊唁的远亲近戚，过往行人告知丧家双亲是否双亡和死者大约的年龄。祭礼用品还有纸马、“香伞”和“秧碑”等。“秧碑”用竹片、白纸制扎成碑状，与一般石碑相似。碑的中部竖写死者姓名，生卒年月日，葬礼择期及葬址，所生子女等。

为让死者到阴间富有，猪羊成群，丧家要杀一头猪一只羊祭祀死者。寨邻及远近亲友都要来祭奠，至亲要下祭。下祭有一般祭、猪羊祭等。一般祭是扎些纸人纸马、纸幡纸旗，灯笼、祭葬（毛毯、床单）、祭品（几斤钱纸、几饼鞭炮、一瓶酒、一只鸡和肉蛋之类）、盖面（三尺长、一尺五宽的红绸或红布）等；猪羊祭，除此之外，还要有整猪整羊。

办丧时，须请本民族掌摩先生为死者举行隆重的超度仪式，叫作嘎或叫办老喜，布依语称“古摩”。“古摩”有“热嘎”、“冷嘎”之分。当时做者叫“热嘎”，当时没有能力做，以后补做者叫“冷嘎”。可单独做，也可在家族中有老人过世“古摩”时搭做。“热嘎”和“冷嘎”的内容和形式都一样。事前要通知亲戚到时前来参加祭祀活动。这是布依族传统葬礼中场面隆重的仪式，布摩先生要念几堂很长的摩经，几场古歌。摩经有《启戛经》、《摩高》、《写幡经》、《升幡经》、《祭祀经》、《转场经》、《叫场经》、《摩借经》、《摩當经》等，古歌有《造大造地》、《造物造神》、《招魂》等。每次念经，孝子孝女至亲都要分别在不同场次跪拜悼祭。每天早、中、晚三餐要进行送饭仪式，夜晚唱古歌。布依族丧葬祭祀时要敲击铜鼓，男女唱歌，也有在丧葬仪式中跳舞的习俗，且由来已久。

砍嘎 （周国茂摄）

还要举行“砍嘎”仪式，即“砍牛”祭祀死者。所砍的牛有的是丧家自备，有的是由女媳提供。先由布摩先生念诵摩经中有关砍嘎的经文，如《转场经》等。后把牛牵入嘎场，围绕“神杆”转一圈，然后孝家孝男孝女、内亲内戚等一起围着牛转三圈。砍牛时，在旁者猛击铜鼓，燃放鞭炮。牛是送给亡灵的礼品，让牛的灵魂和亡者一起去阴间为亡者耕田犁地。布依人认为，死者在阴间的生活与阳世的生活是一样的，人在世时需用牛耕田种地，到阴间也是如此。而“砍牛”的真正意图则是想通过敬献自己珍贵的、必需的牲畜来换取神灵的保佑，以求消灾免祸或期望在生产中获取更多的这类食物和牲畜。同时也反映出“牛”在布依族人们生产、生活中的重要地位和布依族悠久的农耕文化。

3. 安葬。

祭祀完毕，择吉日吉时出殡。出殡前，将棺材移到院内捆绑好，抬棺材的龙杆上捆一只“站龙鸡”，孝子先用肩试抬，然后开口请众亲帮助送老人归葬。抬丧的人，均是寨上的亲友。出殡时，一路上敲锣打鼓、吹唢呐、放鞭炮，由亡者家的一名孝子走在棺材前面，其他孝子、孝女、孝媳则哀丧恸哭紧随其后。前面的孝子则走一段，转身跪下磕个头，直到坟地，再向送葬的人们磕头道谢。

第四节　心灵世界

布依族的宗教信仰主要是祖先崇拜、自然崇拜和多神崇拜，这是由万物有灵演变而来的原始宗教信仰。布依族没有形成统一的宗教，其宗教信仰形式经历了万灵论的自然崇拜、祖灵论的祖先崇拜和泛灵论的多神崇拜的发展过程。万灵论的自然崇拜产生于原始社会生产力低下的时期，当时布依族先民对许多自然现象，包括周围环境的自然和人的身心方面的自然都无法理解，对自然力的神奇和巨大破坏作用感到惊异和恐惧，遂产生了对自然力的顶礼膜拜。当这种自然崇拜产生之后，便具有了世界观的功能，用以解释世界是怎么产生的，自然现象如何通过自然力和人发生关系。布依族先民们从自然崇拜开始，后来产生祖先崇拜，最后发展到信仰多神。

一、原始宗教信仰

和其他民族一样，布依族原始宗教是布依族先民在特定的历史阶段中对自然现象和社会现象无法正确理解和认识而产生的，与布依族的居住环境和经济生活有着密切的关系。对土、田、谷、山、石、树、竹、水、鱼、蛇、龙、牛等的崇拜，无不体现布依族山水田园的居住环境与稻作农耕文化的痕迹。

1. 自然崇拜。

在原始社会这一特定的历史阶段，一方面，人们的物质资料一刻也离不开自然界；另一方面，自然灾害又随时侵扰破坏先民们的生活，威胁先民们的生存。知识水平的低下限制了先民们对自然现象的正确认识和理解，他们认为冥冥之中有一种神秘的超自然的力量在操控、支配着自然界和人的命运。他们根据睡眠、出神、疾病、死亡、梦幻等生理现象，推论出人的灵魂的存在，并把这些观念推及万物，认为万物皆有灵魂，而且与人一样，有喜怒哀乐。生产力低下使先民们不能支配和战胜自然力，便把自然物和自然界的现象加以神化，从而产生许许多多的自然神，并对之顶礼膜拜，如土地神、山神、树神、灶神、石神、河神等。布依族对土地十分崇拜，至今布依族村寨还在村前设土地庙，庙内安放土地神。有的修小木棚于村旁风水林中，置一尊长石为神，或以老树脚为神的住所等。

2. 图腾崇拜。

图腾一词源于印第安语，是亲属的意思。布依族的图腾崇拜，主要有对龙、鱼和竹的崇拜等。传说布依族始祖与龙女结婚，生育布依族的后代。布依族是百越民族的一支，古越人中就有以蛇为图腾的。汉代许慎在《说文》中说："闽、东南越，蛇种。"这里的蛇种指的就是信仰蛇图腾。在母系社会时代，布依族氏族中就有以蛇为图腾的，蛇龙相似，传承至今，变成龙的形象。今天，在布依族的生活和节庆活动中，仍旧可以见到这种崇拜的痕迹。如民间每年要祭龙王，节庆要玩龙耍龙，起房造屋要讲究龙山龙脉的走向等。

布依族古歌《安王与祖王》讲述了一个动人的故事。古时候，盘古王与鱼女结婚，生育一子安王。安王长得很快，3 天会骑马，5 天会射箭打猎。一天他打得一条大鱼，母亲告诉他，鱼是他的外戚，千万

不能捕鱼吃鱼。安王不信，把鱼下了锅，母生气跳回江中。安王成为孤儿，后被继母迫害致死，成为游魂。故事告诉人们，布依族祖先与鱼有血缘关系，所以须禁食鱼。事实上布依族古时也有禁食鱼的习俗。

布依族崇拜竹，视竹为图腾。竹子是生命力非常旺盛，繁殖率极强的植物。布依先民认为竹子里蕴藏着一种神奇的力量，于是产生了对竹子的崇拜，便有了布依族来源于竹子，是竹子产生了人类的传说。这就是流传于布依族地区的竹王传说，这一古老的传说被东晋史学家常璩写入《华阳国志·南中志》中。这则传说虽然到东晋时才被常璩记录入书，然而它已经流传很久。从其主要内容来看，它可能产生在原始社会末期。至于“武帝转拜唐蒙为都尉”可能是传说流传过程中后人加入进去的，这是与布依族先民有关的传说，是包括布依族先民在内的古代“濮”、“僚”等民族创作的民间传说。[①] 对竹的崇拜，在布依族地区至今仍有此俗。如妇女婚后多年不育，便要到娘家去要竹子花，放于枕头下，认为这样就会生育。在一些独子的人家，都要请布摩先生主持仪式在房前栽上竹子一篷，认为这样就能保佑独子健康成长，在独子成人前不准砍。独子成人后，若要砍，也要举行一定的仪式先祭供后，由独子砍下第一棵后，别的人才能砍。

3. 祖先崇拜。

布依族认为人虽死，但阴魂不灭。后人是否有福气都与祖先有关，是祖先给予的。因此，家家户户都安有香火神龛，立有祖先的灵牌来进行供奉。逢年过节，肴馔羹汤不断，香烟灯火不灭。新娘出嫁拜堂时，要参拜祖先。老人去世，葬后又将死者灵魂接回家中供奉，以后要做周年祭。经济富裕者，还要砍牛打嘎，举行“古摩”仪式，超度老人灵魂“升天”。在除夕晚供祖，有的地方要由长子先供七碗肉、七碗饭、七杯酒、七杯茶；第二个儿子供五碗肉、五碗饭、五杯酒、五

---

① 何积全，陈立浩．布依族文学史．贵阳：贵州民族出版社，1992：70.

杯茶；第三个儿子供祭品各三碗，祭品摆在神龛前，地上撒青松毛，全家老少分别叩头9次。祭品在10分钟左右敬供完毕，全家才开始吃饭。凡此种种无不体现其对祖先的崇拜。

布依族民间普遍流行祭祀始祖鲍洛陀的习俗。传说，鲍洛陀是布依族创造天地万物的创世神，他创造的12卷经书包括人类生存的所有知识，这12卷经书后来分散在他的12个后裔支系中。故布依族民间有句俗语："十二个鲍洛陀，头不合尾合。"布依族摩经《古谢经》、《招魂经》等，传说都是鲍洛陀创造的。布依族每逢举行大型的宗教祭祀活动，首先要设坛祭鲍洛陀。

二、摩教：布依族一神教的雏形

"布摩"，在布依语中，"布"意为"人"，"摩"有动词和名词两种词性，作动词时意思是"诵经"。因此"布摩"意即"诵经的人"，完整的意思是"主持宗教仪式，并在仪式上诵经的人"。由布摩所主持的宗教活动就称为摩教。布依族摩教是一种由多神教向一神教演变过程中，具备了一神教雏形的民族宗教。首先，摩教已具备较专门宗教职业者布摩并开始形成最高神祇。布摩无论居处何地，属于哪一教派，均尊奉鲍洛陀为始祖。其次，有较系统的经典摩经。最后，已形成比较固定和规范的宗教礼仪。

对各地布依族布摩的职能、传承特点、经典、教义、宗教仪式以及禁规等方面综合地进行考察后，我们发现，它们虽然还没有严密的宗教组织，系统的经典、教义、神学理论以及仪式等，但也脱离了原始宗教那种散漫和粗糙、稚拙的特点，已经具备了一定的宗教职业组织，有较系统的经典、有一定的教义以及一套特有的仪式和禁规等，显示出了某种"人工造成"的痕迹。

摩教的一个突出特点是特别关注人本身的疾病和死亡问题，因此

它的教义主要表现了布依族对人身这两大问题的思考和信仰。摩教认为人之所以生病，是因为某种鬼作祟造成的。不同的疾病由不同的鬼作祟所致。例如，拉肚子就可能是由于一种叫“虹”的鬼作祟，而某些鬼之所以作祟，可能是人触犯了它。这就需要布摩举行一定的仪式，诵经“解邦”，即驱邪祈福，才能使疾病痊愈。人死后要通过“殡凡”，即超度仪式指引亡灵升入“佛”或“仙”的境界。在阳世与冥界的交界处，有一“铜桥”，在生时善良者踏上桥时桥面越走越宽，而做过偷窃的人踏上去则桥面窄如刀口，不能过去。凶死者的鬼魂被认为堕入了“地狱”，要举行“赎头”仪式将其救出，送入仙界。亡灵进入这个境界后，可以娶仙女为妻，可以当管理者，也要耕田种地。但在那里是长生不老的，而且成天和佛、仙相处，荣耀无比，其乐无穷。可以说，摩教是一种以鬼魂观念和冥世观念为信仰思想基础，以解脱疾病痛苦和导引亡灵进入极乐境界为信仰宗旨的宗教。①

三、外来宗教的传入

布依族地区外来宗教主要是佛教、道教和天主教。佛教、道教传入布依族地区的具体时间不详。佛教开始传入贵州是在唐代，主要传入黔北、黔东一带，明代得到大规模的发展，估计这时佛教观念开始渗入布依族地区。道教的天师道汉代产生于距离贵州较近的四川。《蜀记》中有所谓“教民之山僚”的记载，说明教民中有少数民族。“山僚”盖指山野之僚，是对僚人的辱称。僚人包括布依族先民，表明汉代道教已传入布依族地区了。道教中原始巫术成分浓厚因而与布依族传统宗教隔膜较少易于融合，使它在布依族地区的传播比佛教广泛而深刻。除摩教中吸收了部分道教的因素外，一些地区的布依族在丧葬

① 周国茂．布依族摩教三题．贵州民族研究，1990（2）．

活动中还有做道场，便是很好的例证。

四、禁忌

布依族禁忌是一种最古老的社会控制手段，它利用文化的工具，对个人和集体的言行进行约束，它反对人们行为上的自由化，并以此来调整人与人、人与社会之间的关系，以保证布依族社会在良性的环境中和谐发展。过去，因信仰等多种因素，布依族在日常生活中保留和恪守着多种禁忌。

1. 生活习俗禁忌。

吃饭不泡汤。正月初一，不能扫地，不能倒洗脸水洗脚水。初一到初三不动土，十五不动刀，不干农活，不做针线。正月初一至十五不准媳妇上楼，不准在房屋周围晒洗衣服、蚊帐等物品。腊月和正月不准外人在家里哭。接回家过年的祖宗亡灵未送走前，不准妇女上楼，不准往堂屋地上倒洗脸洗脚水。腊月三十晚上，家中所有的坛坛罐罐，一律用钱纸封存起来，新年三天要吃的饭菜全部做好备用，这期间牛马饲料一齐备好。逢“戊”日不动土。神龛是祭供祖先的地方，无论是过节还是平时都不准挂任何东西。寨子的“风水”地，不能埋坟。神山、神林、神树都是神灵居住的地方，是神圣不可侵犯的。因此，严禁到神山、神林伐木、开垦和种植。妇女不能进入神山、神林。任何人都不准许攀爬神树。到布依族人家，不要坐在人家的大门槛上。传说，因为神龛正对大门，祖神和家人一样经常出入于大门，有人蹲坐在大门上，祖神会不高兴而施以惩罚。布依族非常讲究礼节，特别是尊重老人，与老人同行，要让老人先走；若路遇长者，须主动站立路边让路；与老人同席，要让老人坐上席，年轻人只能坐在左右两边；在老人面前，不能翘二郎腿或嬉笑打闹；给老人装烟、倒茶、敬酒、添饭，要双手递；有老人、客人在，年轻人，特别是儿媳不能上楼取

东西。公公和叔叔不准进入媳妇卧室，媳妇不能同公公坐在一桌吃饭。

2. 婚姻习俗禁忌。

结婚须择吉日，在结婚办酒的日子，全寨不得推磨舂碓，以免将当事人家的喜福“舂跑磨丢”。结婚举行迎亲仪式时，怀孕的妇女不能到场观看。新婚媳妇不满一月的不允串邻居门。妇女怀孕，丈夫忌狩猎，忌参战杀敌。因为布依族的宗教观念，是万物皆有灵性，若孕妇的丈夫捕杀动物，或参战杀敌，动物之魂和敌人的灵魂就会找腹婴报复。妇女不能回娘家生孩子。生孩子未满月者，不准进入堂屋，不准到井口汲水，不准到邻居串门。妇女分娩，要在门上挂上草标。见人家门上挂有草标，不要乱闯进屋。妇女生孩子坐月子，不能吃生盐，不能吃辣椒。

3. 性禁忌。

严禁婚前性行为，旧时，凡婚前性行为暴露者，均视为被妖魔附身，会导致人畜病亡，并给村寨带来灾害，影响村寨平安。故婚前有性行为的女性，或被赶出寨门，永不得归；或被装进猪笼，绑上石头沉水淹死；幸存者以后也只能嫁给老年人或残疾者，无人与之交往，并且不得参加宗教的一切祭祀活动。婚前有性行为的男性，要脱光捆于寨外路边的大树三天三夜，过路的已婚妇女用荷麻抽打其全身，以示洗礼，清除妖魔。

严禁婚外性行为，违者暴露后，处罚与婚前性行为者相同。

严禁婚床外的性行为，若在他人房屋、山林、田地发生性行为被发现者，违者须备鸡、酒、香烛、钱纸、鞭炮等，对行为现场进行祭祀，请回诸神，以确保场所主人、林木、庄稼平安如故。

严禁白昼进行性行为，旧时，布依族人认为白发、白皮肤、白眉毛婴儿的出世，是白昼之神参与了其父母的性行为所致，故严禁白昼性行为。

如今，随着社会的发展进步，有些禁忌已经消失。

第五节　多彩的节日

农耕民族一年中随着季节变化来安排社会生产生活，其中有着各种各样的活动，有的活动随着社会的发展，逐渐演变成为一种传统习俗，进而形成一种传统节日。布依族的传统节日丰富多彩，除了与其他民族共同过“春节”、“七月半”、“重阳”等节日以外，还要过“年节”、“二月二”、“三月三”、“四月八”、“六月六”、“查白”歌节等具有本民族特色的节日。民族节日，是布依族尽情歌唱的日子。

一、年节

年节是布依族一年中最盛大的节日，主要是为了祭祀祖宗，祭祀土地神、灶神等。明代到清初，过年的时间，布依族地区以农历十一月为岁首，定番州（今惠水县）以十月望日为岁首。乾隆年间，贵阳、安顺、南笼（今安龙县）诸府所辖地区以十二月为岁首。清代中叶以后，逐步改以正月为岁首，正月初一称大年，月中称小年或了年。

过年是一年中最盛大的节日，一般从腊月就着手准备，寨中各家各户就要为过春节作准备，杀年猪、推豆腐、熏腊肉、舂糯米面等。腊月二十八家家户户打扫室内卫生，提前备办过节食品。除夕夜，供祖先神灵，用大糯米粑两个摆在供桌后两角，小粑 63 个以 9 个一墩分墩，每墩上放斗笠形粑粑一个呈宝塔形或“人”字型，其中两墩放在大粑粑上，另外两墩摆在桌上左右。桌前摆一排米饭及自酿米酒数碗，中央摆腊肉、香肠、血豆腐、火肘、鱼虾等美味佳肴，摆好后点香烛。吃年夜饭之前，要先到路口去迎接祖先神灵回来过年，在路口进行简单的祭祀后，便意味着接到祖先了。领祖先神灵进入堂屋，进行祭祀，

全家老小逐一向祖先神灵作揖磕头。之后，才开始吃年夜饭。年节期间，每天饭前都要先祭祖先。节后同样要举行祭祀仪式送祖先神灵回去。

吃过年夜饭后，堂屋中要烧一炉“迎春火”，全家人围炉唱酒令，喝酒，讲故事，通宵达旦，辞旧迎新。新年初一清晨，妇女们争先恐后到井里挑“新年水”，又称“聪明水”。人们认为，谁先挑到第一担水，就会在这一年中得到幸福。

过年节，有的地区休息全月，有的从初一到十五休息。在休息期间，西部地区多击铜鼓为乐，老少都参加。册亨、兴义等地要演布依戏；贞丰、望谟等地要耍狮子、玩龙灯；平塘县的各寨之间都在场坝上玩龙灯、耍狮子，带有比赛性质；长顺、安顺、平坝、贵阳等地的一些大的村寨要跳地戏；独山、平塘等县兴唱花灯戏。过年期间，是布依族男女青年交往的最佳时期。正月初一，年轻人穿着漂亮的新衣服到村边、山腰、田坝的歌场去玩表、对歌、吹木叶、打“土电话”、丢花包、打鸡毛毽、荡秋千、踩高跷、打疙螺（陀螺）等。正月最后一天过“了年”时，镇宁、关岭等县还兴吃油炸糯米粑，表示年节已经结束。

1. 丢花包。

丢花包，又名掷花球或抛绣球。(宋)《溪蛮从笑》说：“土俗岁首数日，野外男女分两朋，各发五色彩霞装豆，往来抛接，名曰飞蛇。”(清)《大定府志》说：“仲家……以十二月为岁首，每岁孟春跳月，即婚姻之始也。跳月之俗，聚男女于旷野，用彩布编为小球，谓之花球，视所悦者掷之。”花包用各色花布绣制，有 20 厘米见方，内装米糠、小豆、棉籽等。赛场上男女分成两队，相距七八米远，相互掷接。规则是不准横撇，掷包不准过肩，谁接不着对方花包，开始是随意丢掷，后阶段多投向自己爱慕的人。所以，花包也是布依族青年男女表达爱情，选择配偶的一种活动方式。真可谓“丝帕腰缠名艳妆，山头共觅选婚场；明月跳舞丛人里，抛掷花球打爱郎”①。

丢花包 （文真摄）

2. 打“土电话”。

“土电话”又叫“顺风耳”。土电话的制作是用两节竹筒，竹筒一端分别用蛇皮、布或厚纸蒙成鸣膜，两竹筒以线连接，线可达百米以上。男女各执一节竹筒，一人唱时一人听，声音振动鸣膜又通过连线传递到对方。这种方式非常有趣，相隔一定的距离。男女各在一头对唱，或相互倾吐爱慕之情。别人听不见，既可神交传情，又不会因当面交流而难为情。

3. 打鸡毛毽。

鸡毛毽的制作很简单，用一节长约一寸、一端有节的小竹筒，少则插上三四根雄鸡毛，多则插上七八根，扎紧即成。用来击打鸡毛毽的拍子，以木质较轻的杉木板做成，呈长方形，有柄。与现在的打羽

① （清代）余上泗．水西竹枝词．

毛球竞赛相似，比赛时，在场地中间画根中线作界河，对打双方各站一边；由一方把鸡毛毽拍出，另一方接拍回来，如此连续拍打，谁接不到或拍打不过界河就算输。这一活动有两人对打、四人对打，也有两人为一组，多组进行比赛等。后者以每组所打个数多少决定胜负。不管哪种打法，都是获胜者先发，失败者持拍抽回。打鸡毛毽活动，运动量大，需要运动员机智、灵巧、快速和反应敏捷。

4. 踢毽。

毽是用新布和古代硬币、鸡毛、鹅毛等制成。踢毽分落脚式、悬脚式和反脚式几种，一般用右脚踢。节日里，布依族姑娘们，身着节日盛装，欢声笑语，聚集一起进行踢毽比赛。比赛以连续踢的时间长，个数多者为优胜。败者要向优胜者供球，优胜者站立等候，失败者在相距 1.5 米左右的地方向胜者抛球，胜者用脚将毽猛踢飞去，供毽者把毽接住，比赛便可开始。踢毽是节日和平时都在进行的一项活动，小姑娘们平时包里都经常揣有鸡毛毽。

5. 布依戏。

年节期间，布依戏的演出断断续续要持续半个多月，俗称“玩新春”。布依戏形成于清嘉庆年间，已有 100 多年的历史。其发源地在贵州与广西交界的册亨、兴义和安龙等地，主要流传于黔西南布依族地区，是贵州少数民族中流行的综合性、娱乐性、功能性较强的戏剧艺术形式。布依戏的产生是在本民族文化的基础上吸收其他民族戏剧的有益成分而逐渐形成的。清代末叶，壮剧艺术由这一地区传入，布依族受其影响，用布依族语演唱布依族的乐曲，在八音坐弹、板凳戏、土戏布依彩调的基础上逐渐演变形成。

民间艺人按村寨组成的业余戏班代代相传，每逢民族节日，搭台演唱。舞台有兽图或八仙图，服饰有金边和刺绣，角色有生、旦、丑、差官、大土、大将等。演员上台表演多走三角形路线，都是三步或五步一转身，各有节拍与招式，持刀、枪、棍等兵器形成武打套路。演唱过程中对面穿梭，形式活泼，风格质朴。各个角色都戴着别致古朴的面具（脸壳），其面具有木雕、笋壳、竹篾壳几种。主要以红、黑、黄、绿、蓝、紫六色勾画、涂染，雕刻绘制常常运用夸张、变形的手法，在眼、眉、鼻、嘴、胡上着力渲染。演出时，演员头上蒙以青纱，然后戴上面具，通过面具上眼、鼻、嘴处雕开的孔往外看，自由地施展着表演技艺，成为别具特色的一个民族戏剧剧种。

布依戏的音乐由唱腔、器乐曲牌和打击乐三部分组成。曲调平和，乐器有牛骨胡、葫芦胡、二胡、笛子、月琴、包包锣、小马锣、钗、钹、鼓等。有的布依戏队还加入“勒尤”（布依族特有的竹管吹奏乐器）和木叶伴奏。器乐主要用于烘托舞台情绪、表达人物感情，并可作演出过场音乐。打击乐较为简单，主要是创造舞台气氛、控制戏剧节奏。布依戏的唱腔古朴，富抒咏性。剧目包括两个方面：一是移植汉族剧目，主要有《杨门女将》、《祝英台》、《包公案》、《天仙配》、《白蛇传》、《秦香莲》、《八仙过海》、《玉堂春》、《百合记》等；二是根据布依族民间故事进行改编，主要有《三月三》、《八月十五闹花灯》、《四接亲》、《金猫和宝瓢》等。布依戏多属于独幕剧，也有一些分场结构，具有某种戏剧冲突和悬念，靠对话和表情动作来刻画人物，表现主题。演出表现布依族生活内容的戏时，对话和唱词都用布依语。在演出移植汉族剧目的戏时，演员出场报名表白，介绍身份和公堂审案多用汉语，有时也用布依语。

6. 布依地戏。

地戏又称为“跳神”，因都是在村中院坝里演出，不用搭戏台，故而得名。布依族地戏，是将明代的“军傩”从舞台搬到村寨广场，改编为专门以武打场面表演历史战争题材的布依族“地戏”。每年除在新春佳节期间演出外，在农历七月中旬稻谷扬花之际，还要演出一次，

时间在5天左右，称“跳米花神”。由“开箱”、“扫开场”、“跳神”和“扫收场”四个部分组成，演员均为当地村民，演出不用戏台，而是在村中院坝里进行。其演出也有酬神的性质，但是巫的成分已经大大减少，主要是预祝丰收、祭神驱鬼逐邪、祈祷之意，寄托着农民逐疫、祈福的美好愿望。地戏的剧目多为武戏，表演正史故事。主要有《说岳》、《三国演义》、《封神演义》、《隋唐演义》、《杨家将》、《薛仁贵征东》、《薛丁山征西队》、《五虎平西》等。比起傩坛戏面具的狰狞和怪异来，地戏面具就显得要亲切和蔼些。

布依地戏　（陈玉平摄）

地戏面具又称“地戏脸子”，这是代表角色身份的一种夸张面容的化妆手段。演员把面具顶在额头上，便于人们观赏不同人物的性格。地戏脸子用白杨木和丁香木雕刻而成，是地戏的演出必不可少的道具，又是彩绘木雕的艺术中不可多得的作品。地戏中的将帅面具最为引人注目，而且造型独特，又有文将、武将、老将、少将、女将之分。它们均由面部、头盔、耳翅三部分构成。头盔又有平盔和尖盔之分。这类面具特别注重头盔和耳翅的精雕细刻，是根据地戏脸谱提供的线索和剧中人物形象的要求刻成的，生动明快、性格突出。如主帅，一般受庙堂形貌的影响，额头要求饱满，眼球要求突出，刀刻刚健，勾线夸张；而少将、女将则清秀、英俊、灵气，刀法也较为细腻、考究。地戏脸子与现时京剧的脸谱大同小异，但由于脸子代替了脸面，因而脸子较之脸谱装饰全面，如女将的耳环、帽盔，男将的胡须、头饰等，都与脸子脸面合为一体。正派人物脸子一般以红、黄、肉色为主，反派人物则以蓝、绿、黑为主。

7. 布依花灯戏。

布依族花灯戏是在汉族民间小调的基础上发展起来的，后来又吸收了广西壮族的彩调艺术，流行于部分布依族地区，以黔南独山花灯最著名。独山布依族花灯戏，早期以歌舞为主，道白唱词主要为汉语，同时也用布依语。主要有丑旦二角在锣、鼓、丝弦伴奏下舞灯演唱，彩灯取球形、方形、菱形、六角形及鱼、兔动物造型，由众人举着走上街头，或搭台唱戏。生旦净丑彩绘脸谱，文巾彩装，紧锣密鼓，兼有二胡、笛子伴奏，曲调很多。花灯戏题材多取自民间传说或历史故事，有的将劳动、爱情、生活习俗加上情节编成，多为反映忠君爱民、妻贤子孝、国泰民安、惩恶扬善之类的内容。传统剧目有《借亲配》、《金铃记》、《金猫和宝瓢》、《梁山伯与祝英台》、《王祥卧冰》、《王三打鸟》、《玉堂春》、《金刚大王》、《八仙过海》、《蒋三下南京》等。新创作的剧目有《妇女矿工排》、《金鸡常鸣》、《典型人家》、《恭贺新喜》、《哥笑了》等。近年来，也有根据布依族传说故事编成的花灯戏，如安顺花灯剧团的大型布依族花灯剧《黄果树传说》等。

二、"三月三"节

"三月三"是布依族一个祭祀性节日。这一天，多数布依族地区要

进行“扫寨”、祭山神、祭社神等活动，驱邪扫鬼，禳灾祈福，以保村寨平安，五谷丰登。扫寨，布依语称“撇满”，布依族认为保护村寨清清净净、平平安安、无灾无害、五谷丰登、六畜兴旺，必须将各种灾星、鬼魅扫除出去。据乾隆《安龙府志》记载：“每岁三月初三宰猪牛祭山，各寨分肉，男妇饮酒，食花糯米饭……三四两日，各村不通往来，误者罚之。”这个节日大部分布依族地区都过。

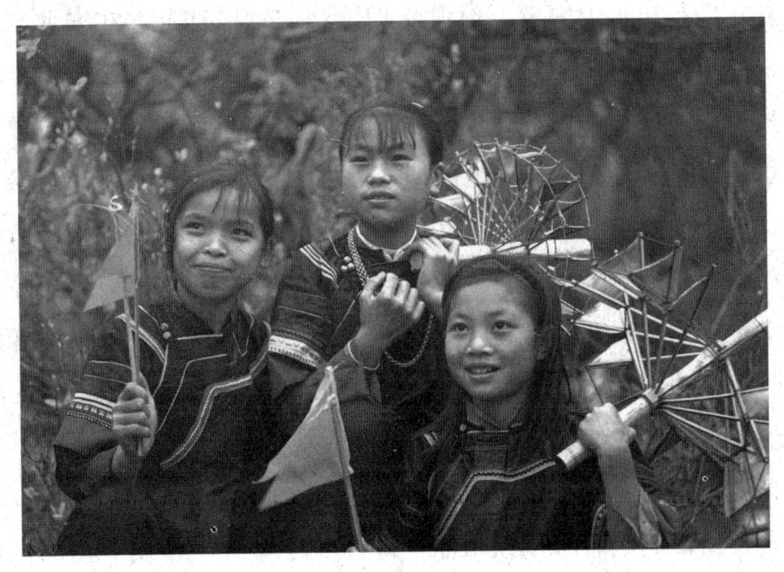

参加“三月三”活动的布依族少女　（刘建明摄）

三月三是全寨全宗族的集体祭祀活动。清早，以寨子为单位，全寨每户中年纪最高的老人，以及一些勤劳、道德高尚、热心于公共事业的青年，都集中到寨子的“祖”祠堂里去，打扫清洁卫生。同时备好祭祀用的香、烛、纸钱、鞭炮等物。派人在寨子周围各路口插上标志。标志物用约两米长的竹竿做成，顶端劈成四片，用一根篾条绾成圆圈，挂上纸马，浇上鸡血，粘上鸡毛、纸钱和三根芭茅草。祭祖仪式由寨老主持，将酒肉、香烛摆好，点燃鞭炮，进行敬献。然后，由寨老主持安排一年的生产生活；公布和清理全寨公有财产收支和铜鼓保管情况；总结一年来寨内各户之间的相互关系，进行表扬和批评，对损害公共利益的人进行批评教育，严重的按村寨规约处理。

关于“三月三”的来历，各地传说不一，活动内容也有所不同。有的地区在这一天借以“扫寨合把”。扫寨，即请摩公用鸡、鸭、香、烛、纸等念咒一天；“合把”，即议定乡规民约。罗甸、望谟县一带，与清明节一样，杀猪宰牛，上坟祭祖，做五色糯米饭，在坟边设席请酒，青年们趁机上山唱歌，山坡炊烟缭绕，歌声四起。在安龙县，民间传说农历三月初三是“山神王”的生日，如不进行祭祀，山神就要放出蝗虫损害庄稼，因此每年农历三月初三人们都要杀猪宰牛进行扫寨，祭祀山神、社神。贵阳地区把这天称为“仙歌节”，乌当新堡一带称为“地蚕会”。相传这一天上山对歌的青年男女，谁的歌声动听，仙女就赠给他一副金嗓子，有了金嗓子，害虫就避开了，实际上是让青年男女聚集唱歌玩乐。望谟县乐元、平卜一带，这天要杀狗请客。传说三月三日这天逢“寒日”，吃了狗肉可以驱寒。云南罗平一带的布依族，还要举行盛大的游山、对歌、社交活动。①

贵州安龙县的“三月三”毛杉树歌节最为隆重，小伙子们吹木叶、拉胡琴，姑娘们唱着布依族山歌，进行“赶表”、“浪哨”活动。正如有首布依族民歌这样唱道：“年年有个三月三，锦鸡换毛龙换滩；锦鸡换毛龙换水，二人姊妹换衣穿。”

三、“四月八”节

布依族认为农历四月八日这天是“牛王”的生日，因此，将“四月八”称为“牛王节”或“开秧门”。这一节日与布依族的稻作农耕生活有着密切的关系。罗甸一带称牛王节，镇宁一带称牧童节，黔西一

① 黄义仁，韦廉舟．布依族民俗志．贵州人民出版社，1985：108～109.

带称为“开秧节”。每逢这个节日，荔波县一带要做糯米饭敬“牛王”，让牛休息一天。册亨、罗甸、贞丰、安龙、紫云县一带，这天吃五色糯米饭，让牛休息一天，还用枫香树叶泡水给牛洗澡。贵阳地区的布依族与苗族穿着节日盛装，吹奏芦笙，成群结队地到“嘉许坝”（贵阳市喷水池）欢度节日。据说是同苗族同胞一起去纪念叫波养六和德龙路柔（《辞海·民族分册》称为“亚努”）的古代英雄。这天，除杀鸡敬祖祭“牛王”外，布依族青年男女还要聚会对歌赶表。惠水县的布依族在这天还把糯米饭带到山坡上去聚会，很多男女青年聚在一起唱歌、玩乐。福泉县的安谷村、贵定县的布依族村寨打粑粑、包粽子，男女青年对歌、玩乐，过这个节日。

四、“六月六”节

“六月六”是布依族一个纪念性和祭祀性的传统节日，其隆重程度仅次于大年春节，故有的地区称为“过小年”。

“六月六”这一天，布依族村村寨寨都要杀猪、杀鸡，祭神、祭祖。布依族村寨在寨中或村边修有一座社神祠，为祭社神之所。祭社神的目的是祈求丰收。有的地方除祭社神外，还要包粽粑，并杀鸡去祭大田，还献祭于进水处，祈求庄稼不受虫灾。有的地方借祭社神的机会，用议榔形式制定乡规定约，称“议各习”。祭神之后，进行男女对歌活动。有的对歌聚会有万人参加。各地布依族过“六月六”节，形式多样，内容丰富，除包粽粑、杀猪、宰牛、杀鸡、祭神敬祖外，男女青年们穿着节日盛装，相互对歌找对象。

关于“六月六”的来源，有很多传说。如流行在平塘县一带的“天王的故事”，镇宁县、望谟县流传的“祭田公田母”，有的地区叫“祭盘古”。相传布依族的始祖“盘古”发明了水稻的栽培技术，但因孤单一身，日子仍然过得清苦贫寒。一次偶然的机会，盘古认识了海龙王的女儿，互相产生了爱情而结为夫妻。婚后，他们恩恩爱爱，男耕女织，日子过得甜蜜美满。一年之后，他们生了一个儿子，取名叫新横。新横从小聪明伶俐，但因年幼，一次冒犯了母亲，母亲气愤回归龙宫，不再回到人世间。

盘古无法，只好续弦又生一子。有一年六月初六这天，盘古命终归了天。尽管新横随父勤恳劳作，并且学会了父亲栽培水稻的技术，但因生母回归海里和生父逝世归天，终不免遭到继母的百般虐待。继母几次加害，欲置他于死地，企图独吞家产。面对继母的加害，新横忍无可忍，不得已上天庭控告继母的迫害，并发誓要全部毁掉亲手栽培的水稻秧苗，绝其继母的生路。继母受到控告并知道新横的想法后，惶恐万分。为了生存，她向新横乞求，表示只要他不毁坏庄稼，她就不再对他迫害，像对待自己亲生儿子一样对待他。保证为了供祭盘古发明水稻栽培技术、永葆子孙万代五谷丰登，于每年农历六月初六（盘古逝世日）这天，率领子孙宰猪杀牛、包粽子供奉盘古。鉴于继母的转变，为了使水稻栽培技术传于后世，新横答应了继母的乞求。

从此，每年六月初六便举行祭盘古、供祖宗活动，年年如此，世代相传，从未间断。

五、查白歌节

每年农历六月二十一至二十三，在贵州兴义市顶效镇的查白场举行的查白歌节，是为纪念古时当地一对为民除害与抗暴殉情的男女青年查郎、白妹的节日。

传说，查白歌节源于布依族口传民间故事《查郎与白妹》。相传很早很早以前，在南盘江畔有一个叫虎场的大土坡。坝上有一个猎户的儿子查郎和一户人家的女儿白妹从小在一起玩耍，他们形影不离，亲如兄妹。长大后，两人心中互相爱慕，于是互赠信物，私订终身。就

在这时，寨中出现了虎怪，它叼走牲畜、抢走娃娃，一时间人人谈虎色变。勇敢的查白郎组织起全寨的后生，将虎怪杀死，请全寨的老少吃虎肉、喝虎汤。

寨中有个财主看上了年轻貌美的白妹，让媒人到白家提亲，白妹一口回绝。可财主并不死心，派人留话说不管白妹从或不从，都要在七月二十八把她娶回家。面对财主的逼婚，白妹与查郎商量好要赶在那天之前抢先成亲。财主得知后想了一条毒计：在查郎和白妹下田的时候，派家丁把查郎用箭射伤后把白妹抢回家。

查郎回到家中后邀约众兄弟商量对策，决定由查郎去到财主庄上骗家丁和自己打斗，其余的人趁庄中空虚救出白妹。白妹被救出来了，查郎却因箭伤未愈被财主捉到，捆在一棵大糖梨树上被杀害了。

白妹得知消息后痛不欲生，回家拜别父母趁着天黑重新返财主大院，在柴堆上放了一把火。火越烧越旺，财主闻讯赶来捉拿白妹。看到整个庄子将要化成灰烬，白妹纵身跃入火中，为查郎殉了情。

节日放歌　（周国茂摄）

后来人们为了纪念这对为爱情献身、不畏强暴的布依夫妇，把他们生活过的虎场坝改名为“查白场”，并把白妹殉情的日子农历六月二十一这天定为“查白歌节”。每年这几天，周围远近各县和毗邻的广西、云南等地各族群众三四万人，前来参加歌节，规模宏大，气氛热烈，蔚为壮观。查白歌节主要的活动内容有：歌节赛歌、认亲访友、吃汤锅、赶表和祭山等。

六、吃新节

在七月半前后辰日，各户用口袋到田中装数吊灌浆稻穗及毛豆、新苞谷等背回家中供祖，并将未成熟的稻谷与糯米一同蒸熟，配上好菜来吃，表示尝新谷。又将数吊谷穗用热水烫过，挂在神龛之上。摘稻时，田坝中哪块灌浆较早，任何人都可去摘，不分田地私有，主人亦不会责怪，体现了农耕社会古朴的民风。

此外，还有晴隆县的“赶干洞节”，安龙县的“毛杉树歌节”、贞丰县的“祭山节”，惠水县、长顺县的“赶桥节”、“赶秋坡节”，三都县的“青蛙节”，花溪区孟关的“乃厳（稻花）歌节”，威宁县西北角红岩地区的布依族要过“蚂螂节”等，都带有浓厚的民族特色和地方特点。

第五章

薪火相传　波光闪耀

布依族在社会历史的发展长河中，虽然基本上没有经历大起大落的人口流动和迁徙，但有局部的人口流动与迁徙。西南夷是个总称，南夷之地民族众多，各民族之间相互交流往来，难免会有小范围的人口迁徙和融合的情况。这是历史的事实，也是布依族生存发展的真实写照。历史上，不管是外来人口的迁入，还是本身人口的迁出，对布依族地区社会、经济、文化所产生的影响都是根本性的。新中国成立后，布依族人口得到稳定快速增长的同时，人口素质也在不断提高，有了本民族的研究生和博士生等高层次人才。改革开放以来，布依族大批人员外出务工，不仅是布依族农村地区广大青壮年走出大山，放飞梦想的新追求，也是布依族农村地区真正由传统农业社会向现代农业社会转型的新开端。

第一节　潮起潮落

布依族历史上没有大起大落的人口流动与迁徙，但有过人口数量大起大落的现象。这是因为，古代南夷之地，除了各民族之间相互交流交往，带来局部的人口流动、迁徙和融合之外，各方国侯国之间为争夺财物和人口，长期战乱不断。特别是，历代统治王朝的征伐和布依族历次的反抗斗争，都对布依族人口造成重大的影响。

一、历史上的人口流动与迁徙

布依族分布区域有史可稽的人口流动情况，有以下几次。

战国时，楚威王为了与秦争夺巴、蜀、黔、巫之地，使将军庄蹻，将兵循江而上进入夜郎，灭且兰，封其子为且兰君，本人则继续西征入滇。且兰在今沅水支流巫水的上游，至今仍可通航，正位于由沅水通滇的要道上。庄蹻从且兰登陆，经贵阳渡牂牁江（今北盘江），过夜郎入滇。《后汉书·西南夷列传》说："军至且兰，椓船于岸而步战……以且兰有椓船牂牁处，乃改其名为牂牁。"庄蹻至滇池，"地方三百里，旁平地肥沃数千里，以兵威定属楚。欲归报，会秦击夺楚巴、黔中郡，道塞不通。因还其众王滇，蛮服从其俗以长之。"① 因秦夺取了楚之巫、黔中之地，截断了庄蹻由沅水退军的路线，不得已才退回滇池自立为王，其所帅军队共有二万多人。在此过程中，必有部分官兵及家眷留于牂牁夜郎之地。正如《通典》卷一八七"松外诸蛮"所载："自夜郎滇池以西，皆云庄蹻之余种。"

公元前223年，秦灭楚后，于次年派大将王翦、尉屠睢等分兵五路南征百越，略取陆梁之地，置桂林、南海、象郡。为了开发和治理岭南地区，便把五十万士兵留戍南越之地。这就是《资治通鉴》卷七所载的："谪徙民五十万，戍五岭。"同时，不断从中原地区强迫大量华夏族民众迁徙岭南地区"与越杂处"②，从而形成岭南地区越族与华夏族相互杂居的局面。公元前218年，南越反叛，秦派任嚣、赵佗击溃南越人的反抗叛乱。秦始皇应任嚣、赵佗等将领的要求，批准从中

① 史记·西南夷列传.
② 史记·南越列传.

原地区征调一万五千名未婚青年妇女，前往岭南“以为士卒衣补（妻子）”，[①] 使驻守的士兵定居下来。秦末，秦王朝在农民起义的声浪中灭亡。赵佗乘机自立为南越王，后虽臣服于汉朝，但仍保持其独立地位。

在秦平定百越的过程中，自然遭到了百越人的强烈反抗。越人对抗入侵之敌，采取坚壁清野、避强击弱、游击偷袭等灵活战术，给秦军以沉重的打击，使秦军“三年不解甲驰弩”。《史记·主父偃列传》载：“（秦军）深入越。越人遁逃。旷日持久，粮食绝乏，越人击之，秦兵大败。”加之越地“夏月暑时，欧泄霍乱之病相随属也，曾未施兵接刃，死丧者众矣”。[②] 秦五路大军，除四路最终平定东越、闽越、南越外，尉屠睢率领的一路由零陵入桂林，遭受瓯越人的重创，秦军大败，全军覆没，屠睢被杀。秦平定百越，付出了重大损失，也给百越民族带来了沉痛灾难，造成人口的锐减。如赵佗称王南越时，南越的越人已不超过七八十万，只略多于华夏人的几十万驻军和移民。[③]

因此，到汉王朝统一包括布依族先民越人在内的南夷之地时，已是地广人稀，生产凋敝。以至于郡县费用无所出，“乃募豪民田南夷，入粟县官，而内受钱于都内”。于是，一些地主、商人等纷纷招募农民或奴隶，进入“西南夷”地区屯垦耕地，收获粮食交给郡县官府，而从汉王朝府内领回报酬。当时进入西南夷地区的人口有一些汉族大姓，如《华阳国志·南中志》记载：主要有从“三蜀”（蜀郡、广汉、犍为的合称）迁来的龙、傅、尹、董等姓。据史家考证，这些大姓迁入牂牁后，傅氏大姓主要居于今黔西北，尹氏居于今黔南和黔西南，董氏居于滇、桂、黔交界地带。龙氏，汉晋时期的文献虽无线索可寻，但从宋元时期“八番”中有龙番的情况来看，可能即为汉代迁入的大姓龙氏，以后逐步融

① 史记·淮南衡山列传.

② 蒙文通. 越史丛考. 北京：人民出版社，1983.

③ 何光岳. 百越源流史. 南昌：江西教育出版社，1989：138.

入当地土著民族中。龙姓当居于今黔南惠水一带。以上这些汉族大姓迁入牂牁后的分布地区，都是布依族先民活动的主要区域。

汉代，由于汉王朝对当地土著民族上层实行的是“附则受而不逆，叛则弃而不追”的怀柔政策，不少土著民族居民中的上层人士也因此逐步演变成一些所谓的“夷人”大姓。当时，布依族先民中的大姓，以牂牁郡址所在地区今安顺、平坝、清镇等地的谢氏最为突出。两汉之交，谢姓中的谢暹曾任牂牁郡功曹。谢氏自汉魏六朝以来，历任牂牁郡守吏，称雄该地区六七百年，开始布依族地区的大姓统治时期。总之，汉代包括布依族先民在内的越地与汉民族已有频繁的往来。[①]

历史上，布依族先民的人口流动和迁徙主要有两次。一次是五胡十六国时期，成汉政权李寿“篡权，以郊甸未实，都邑空虚，乃徙旁郡户三千以上实成都；又从牂牁引僚入蜀境，自象山以北尽为僚居”。[②]又一次是李势之时又大量“引僚入蜀”。[③]据贵州民族学院侯绍庄教授等人的研究，历史上毕节地区布依族先民（僚）的人数是比较多的，而且居住条件较好，生产力水平也较先进。侯教授在《论布依族先民的古代社会》中说：“据《华阳国志》和《博物志》等古文献记载，作为布依族先民的‘僚人’，在我国历史上的战国秦汉时期，曾自南向北发展，分布及于今黔西北、滇东北以至川南一带。只是到了所谓‘五胡十六国’时期，由于当时成汉政权从牂牁‘引僚入蜀’的结果，将贵州西北部的僚人大量迁往巴蜀地区，逐步与当地的汉族融合，才形成今天布依族主要聚居于贵州中部和南部的分布状况。”[④]同时，蜀地

---

① 李平凡，颜勇主编．贵州世居民族迁徙史．贵阳：贵州人民出版社，2011：200～201.

② 益州记．

③ 晋书·李势载记．

④ 贵州民族研究．贵阳：贵州民族研究杂志社．1982（3）．

"自汉中达于邛笮，川洞之间，所在皆有"。[①] 这些被大量从黔西北引入蜀地的"僚人"便是今天的布依族，这部分"僚人"后来逐渐融合于当地的汉族。这就是今天毕节地区布依族人口分布较少的历史原因。

历史上毕节地区布依族较多的事实，在毕节地区彝文文献中也可以得到证实。彝文文献《南方武氏根》中说："武外这一家，清理其来历，施阿纳后裔。……施阿纳这人，理好谱系后，回到东方去，就与撒吐（威宁、赫章等地彝族对布依族的称呼）人，居住在那里……这个地方呢？全是撒吐住。上下左右寨，寨寨是撒吐。这些撒吐呢，造箭又造弓，造出五十种，各种不相同。这些弓和箭，凡是撒吐人，人人都带有。撒吐君和民，种地养牛羊，管理这地方……武家兵马多，撒吐的驻兵，驻兵九千九。"这一记载说明布依族先民和彝族先民交往的历史久远，当时黔西北布依族先民人数较多，居住条件较好，生产力水平也较先进。[②] 贵州民族学院教授柏果成在彝文文献研究所王子尧的帮助下，从 50 多本彝文文献中摘译有关布依族资料 30 余万字，从中找出了彝族先民如何从云南东进征服贵州古代民族的历史事实。而在被征服的贵州古代先民中，人口最多，分布最广的是布依族先民，其次，是仡佬族先民和"厄甫"民族。[③]

二、早期的人口统计

布依族历史上的人口与现代人口学的人口含义有着很大的差别，在封建社会，由于要计户交纳税赋，按丁征发徭役，"丁口"又寄于具体民户之中，故当时的人口统计是以"民户"为基础单位，而辅之以"丁

---

① 魏书.

② 罗剑．毕节地区布依族．贵阳：贵州民族出版社，2004：13.

③ 柏果成．从彝、汉文献探布依族来源．布依学研究（之二）．贵阳：贵州民族出版社，1991：224.

口”。我们今天的人口调查统计，则是以个人为基本统计单位。由于调查统计单位不同，其结果当然不能完全反映历史上布依族人口的实际。

民国时期，虽有一些人口统计资料，由于当政者只是提倡“五族共和”，因此即使有一些少数民族人口资料也是不全面和不完整的，不能反映其人口的实际情况。但是，从一些零星的人口资料中可以看出，由于政治、经济、军事等方面的原因，布依族历史上的人口数量的发展不是呈直线形，而是有过大起大落的现象。比如，秦南征平定百越，就使得布依族先民越人的人口数量锐减。而明末清初时，由于地主经济得到较快的发展，布依族人口的增长比较快。布依族聚居的都匀军民府在明嘉庆年间（1522～1566 年），布依族人口仅有 9219 户，24 618 丁口，到万历二十五年（1597 年）增至 13 738 户，40 041 丁口。六七十年间，这一地区的人口几乎增加了一倍。独山州在明万历二十五年，布依族人口仅有 1048 户，1862 丁口，到清同治七年（1868 年），增至 21 215 户，139 873 丁口。但是，总的来说，历代统治者的征伐和布依族地区多次农民起义与反抗斗争，最终都因失败而遭到灾难性的屠杀，这是造成布依族人口大起大落的主要原因。此外，由于当时医疗卫生不够发达而导致人口死亡的也为数不少。①

第二节　生生不息

新中国成立后，党和政府实施了一系列扶持少数民族发展的政策和措施，有效地改变了民族地区贫困落后的面貌，少数民族和民族地区人民群众的生活水平不断提高。在党的民族政策的光辉照耀下，布依族聚居地区建立了黔南和黔西南两个布依族苗族自治州和三个自治

---

① 梁显庄，石开忠．布依族人口状况初探．布依学研究（之一）．贵阳：贵州民族出版社，1989：265、266.

县，即镇宁布依族苗族自治县、关岭布依族苗族自治县和紫云苗族布依族自治县。随着社会经济的发展，基础设施以及文化教育、医疗卫生等条件的极大改善，几十年来，布依族人口得到稳定快速的增长。

一、人口规模及变化

布依族在全国的31个省、自治区、直辖市中均有分布，主要集中聚居在贵州省。据国务院人口普查办公室、国家统计局人口与就业统计司编《中国2010年人口普查资料》显示，2010年，布依族总人口为287万人，其中男性为145.57万人，女性为141.43万人，[①] 在18个百万以上人口的少数民族中居第十一位，是我国人口较多的一个少数民族。主要居住在贵州，人口为251万，占布依族总人口的87.46%。其余的分布在云南、四川、广东、浙江、江苏和广西壮族自治区等地区。在贵州、云南、四川为世居民族。

新中国成立后，全国共进行了6次人口普查。第一次全国人口普查是1953年，布依族人口124.79万人，其中，贵州省为122.23万人，占97.95%。第二次全国人口普查是1964年，布依族人口134.81万人，其中，贵州省为134.65万人，占99.88%。第三次全国人口普查是1982年，布依族人口211.93万人，其中，贵州省为210.01万人，占99.09%。第四次全国人口普查是1990年，布依族人口254.83万人，其中，贵州省为248.07万人，占97.35%。第五次全国人口普查是2000年，布依族人口为297.15万人，其中贵州省为279.82万人，占94.17%。第六次全国人口普查是2010年，布依族人口为287万人，其中贵州省为251万人，占87.46%。1953～1964年，布依族人口平均每年增长0.91万人，平均每年递增0.7%；1964～1982年，布依族人口平均每年增长4.28万人，平均每

---

① 中华人民共和国国家统计局普查数据，http：//www.stats.gov.cn/tjsj/pcsj/rkpc/6rp/indexch.htm.

年递增2.55%；1982～1990年，布依族人口平均每年增加5.36万人，平均每年递增2.33%；1990～2000年，布依族人口增加了42.32万人，增长率为16.61%，平均年增长率1.49%。

从前五次人口普查数据可以看出，布依族人口增长是一个由慢到快、由低到高和由高向低的发展过程，其中，1964～1982年，1982～1990年，是布依族人口增长的两个高峰期，平均每年增长人口绝对数都呈现节节上升的趋势。① 从人口的分布来看，布依族的主要聚居地区和分布地区在贵州。其他省区的布依族人口比例除1953～1964年是下降外，以后也都在不同程度的提高。

1964～1990年，造成布依族人口持续较高增长的原因，除了人口的自然增长外，还有以下三方面的主要因素：

一是部分"回归"民族成分的人口。布依族是在1953年才以"布依"这一自称作为民族统一称谓的，之前没有统一的名称。清代到民国年间，布依族除被称为"仲家"之外，还被称为"仲苗"、"夷家"、"夷族"、"侬家"、"龙家"、"土人"、"土边"、"水家"、"水户"等。这些称谓往往容易与苗族、彝族、水族、土家族等民族名称相混淆。据调查，布依族群众误报为上述民族成分的人数为数不少。1982年第三次全国人口普查时，六盘水市布依族报为水族的有11 013人，毕节地区（今毕节市）布依族报为水族的有8600人，安顺地区（今安顺市）仅清镇就错报了1007人，加上布依族错报为其他民族成分的估计不少于5万人。姑且以5万人计算，错报人数占当时布依族人口总数的比重是比较高的。

二是传统婚俗的淡化和改变。布依族有婚后不立即坐家的"不落夫家"的习俗，一般要经过三年两载后才开始过上真正的夫妻生活，

① 张天路，黄荣清主编．中国少数民族人口调查研究．北京：高等教育出版社，1996：101、102.

有的甚至到七八年后才一起过夫妻生活。这样就缩短了可能生育的时间，在20～25岁这一生育旺盛期不生育，而是过了这一年龄才开始生育，必然影响到生育子女的数量，从一些专题调查材料看也印证了这方面的一些情况。[①] 20世纪六七十年代以后，随着这一传统婚俗的淡化和改变，自然对提高布依族的生育有重要的作用。

三是布依族与其他民族通婚子女选报布依族的。随着改革开放的深入发展和社会、经济、文化的不断进步，民族间通婚的人数越来越多，在招生、招工等方面实行民族优惠政策的引导下，其子女选报布依族的人数相应增多。据调查，在布依族与汉族通婚的家庭中，子女基本上选报的都是布依族。

2000年，布依族人口增长呈现由高向低的发展态势，这主要是由于布依族广大干部群众积极响应党和国家的号召，自觉落实计划生育政策。随着布依族农村地区年轻人普遍外出务工，与外界交往交流的增多，在先进生育文化、生育理念，以及生育行为趋同、抚育子女费用增高、计划生育“从众心理”等因素的共同作用下，“养儿防老”、“多子多福”、“重男轻女”等传统观念逐渐淡化。现在的年轻人，普遍认为生男生女无所谓，生育孩子的主要目的是增添家庭的生活情趣，拥有爱情的结晶。孩子多了不是福，孩子多了是负担，正在悄悄地被大多数农村人所接受。

二、传统生育习俗

布依族生育习俗起源于原始社会。原始时代，由于人类认识自然和改造自然的能力极低，人们在从事物质生产活动的过程中，常常遇到各种自然力的威胁和袭击，出现大量民族成员死亡的现象。同

---

① 梁显庄，石开忠．布依族人口状况初探．布依学研究．贵阳：贵州民族出版社，1989：266、267.

时，部落之间的争夺也影响着氏族的生存。为战胜自然灾害，赢得部落之间的战争，迫使氏族增加人口，补充实力，以延续氏族的生存繁衍。但在当时的条件下，妇女的生育和婴儿的成活率很低。在自然崇拜、万物有灵的观念支配下，人们便产生了生殖崇拜、求神祈子、还傩愿（生育傩）等民俗事象。但随着社会的进步，习俗中的生殖崇拜、巫术迷信等观念已经淡化，由过去的娱神变成现在的娱人。

1. 求子习俗。

布依族的求子习俗有“祭祀母神”、“做桥”、“做祧”、“改都雅”等。结婚多年没有生育的育龄夫妇，就要请布摩先生举行以上仪式。

母神，或称圣母，布依语叫“乜房”。在布依族生育观念中，人们普遍信仰“母神”。母神主管生育和保佑婴幼儿，有母神送花，妇女受孕生子的说法。在布依族叙述母亲成长经历及赞颂其功德的经典《母祝文》中，就载有“求王母娘娘，王母送花来。花驻母胸怀，母梦见征兆，见月亮升天。三月见紫花，四月见红花。花来驻头上，花来驻头顶，花驻我胸怀”。花指受孕征兆，胸怀隐喻怀孕。布依族山歌、情歌也经常唱到王母送花的典故。①

母子情　（黄晓摄）

① 黄镇邦，霍冠伦译．母祝文．贵阳：贵州人民出版社，2006：124.

做桥，也叫“搭花桥”。“做桥”仪式，就是为送子的母神搭起了桥梁，母神就会把“花魂”（孩子灵魂）送来，使求子的妇女怀上并生育孩子。布依人认为宇宙是分层的，不同的灵魂住在不同的世界，人死归去的地方为“冥界”，未投胎的婴儿住在“花界”。“花界”与“人间”，隔天隔海，要想让这些“花”投胎来世，必须在其中搭建一座桥通到花界，向母神祈求，母神才把“花”送过桥来赐给人间。做桥仪式非常隆重，有的要做几天，融祭祀、歌舞、戏曲、竞技为一体。

“做祧”，是一种原生形态的生育傩。与一般求子仪式不同之处在于，“做祧”仪式祭祀的神灵除了母神（圣母）之外，还有女神“花林仙官”和男神“托生花王庙父”、“本殿三元祖师”、“三元兄弟”等。圣母、女神和各位男性神分别有不同职能。万岁天尊圣母，专管分配生育指标；女神“花林仙官”，专管送“花”（即孩子）给求子的夫妇；男神“托生花王庙父”，负责保佑、护养孩子长大成人；男神“本殿三元祖师”和“三元兄弟”（指同母异父的唐、郭、周三兄弟）系“送”花媒人，同时保护坛师及其弟子（傩戏班子师徒）。另外，还有负责擒拿野鬼的莫一、莫二，驱逐病疫鬼怪，保佑亲朋安宁的三界公爷等，共有 36 个神、36 个面具、36 本傩书。全堂要表演 20 多个民族特色浓郁的剧目，如《龙公点坛》、《祈花祈子》、《怀瓜生子》、《野猪偷薯》、《背鸡进屋》、《错砍梓树》等，所戴面具造型奇特、色彩神秘、栩栩如生，表演剧目都具有完整情节的故事，既娱神也娱人。“做祧”反映了布依族从母权社会向父权社会过渡的历史痕迹。

“改都雅”就是当媳妇怀第一胎而临近产期时，为了让她顺利生产，都要为孕妇举行一种“祈子求福”或“消灾除病”的仪式。“改都雅”仪式，一般由舅家派两名“多子多女”的男性长者送来一对金竹，竹留鲜叶，表示生命旺盛。祭师布摩先生用此竹弯成拱门，上扎各色花朵，挂着红纸剪成的人形图案。纸人手牵手，表示了孙发达。祭祀词多为谢竹赐子，祈祷母子平安等，祭祀完毕后，将神竹安放在孕妇的卧室门口或床头上方。这显然是布依族远古竹神（图腾）崇拜的遗存。

贞丰一带的布依族，在孩子降生后，还要在床头边上设神案，继续请布摩诵经供奉。以后一旦孩子生病或逢节日，都要请布摩来举行仪式，祈求母神保佑孩子，让孩子早日康复。镇宁一带布依族认为母神有12位，她们送孩子灵魂进入母体孕育成胎儿，护送孩子降临人间，并伴随其左右进行保护，直到孩子满12岁才离开。但常提到的母神是“床中神母”、“山坳神母”、“河岸神母”和“田忠神母”。母神对孩子的关怀无微不至，大人不能让孩子早出晚归，不能让孩子出远门，不能随意打骂孩子等，否则就会得罪母神。在一些地方，也认为母神是4位，分别为“雅娃林”、“雅娃翁”、“雅楞当”和“雅罗哥”。四位母神轮流管小孩一直管到孩子满12岁。①

2. 诞生习俗。

布依族妇女分娩时，请有接生经验的邻居或亲戚妇女来接生，用茅草叶来拂打帐内房内，以驱除邪魔。并在门上挂上草标，外面的人见门上挂有草标，就不会乱闯进屋了。孩子出生后，将婴儿胎盘用稻草包扎于竹林上，意即以竹助长，繁茂如竹。如果生的是第一个孩子，丈夫要抱鸡到外家报喜，生男孩抱公鸡，生女孩抱母鸡。外家得到喜讯，即把准备的一坛糯米酒、一些鸡蛋等让女婿背去。之后外婆、姨子、舅母以及其他亲朋等一起前来贺喜。有的地方还须母舅来给孩子取名，舅家要送厚礼。

布依族妇女生孩子后，不管有无奶汁，都要按习俗请一位健康的奶娘给婴儿喂奶，时隔数日，婴儿才能吃母亲的奶汁，奶娘一般不要任何报酬，等到孩子长大懂事后，其父亲便告诉孩子谁是奶娘，以便

---

① 周国茂．自然与生命的意义世界．贵阳：贵州教育出版社，2004：129.

日后记情报恩。

孩子生下的第三个早晨，亲戚和家族中的妇女带着礼物前来祝贺，称为过三朝。礼物一般有土花布、童衣、童毯、小帽、小鞋、母鸡、糯米、花糯饭、鸡蛋、甜酒等。主家回赠客人一篮五色糯饭和鸡肉块。还请老摩公举行“招魂”仪式或“卜卦”、“驱鬼”等。若生男孩，供桌上放一本书或笔墨纸张，希望孩子长大读书做官；若生女孩则放一把剪刀、一块土花布或针线，希望女儿日后纺纱织布，刺绣挑花，心灵手巧。在贵阳市郊区举行此礼时，生育男孩者需栽一蓬金竹、生育女孩则需栽一蓬水竹。

孩子出生一个月内，母亲和孩子都住在自家的屋里，不能出门。满月的第一天，外婆和舅妈送来崭新的绣花背带，背着小孩去寨上某家吃饭，称为满月串寨。去时带上一篮五色花糯饭和一只大公鸡，一路上大人小孩前呼后拥，分享幸福的喜悦。

3. 养育习俗。

布依族小孩如果经常生病或者发育不良，就要“拜保爷”。拜保爷有拜人和拜物两种。拜人需请布摩先生推算八字，找生辰八字与孩子相符合的人为“保爷”。找到后，选吉日，提着酒肉和大公鸡等前去拜继。保爷家便宴请家族和邻居相陪。保爷除了回赠礼物外，还以自己的姓为“干儿”或“干女”取个美丽的名字，送给其一块银质“长命富贵锁”挂于胸前。从此，两家老人结拜“干亲家”，来往密切。还有一种方式是准备好一桌丰盛的酒席，让小孩站在岔路口等候，凡遇见先来者，不论男女老幼，贫富贵贱，都得甘当“保爷”，不得推辞，应邀入席。有的是放一碗清水在门边，谁先闯入，就认作“保爷”。拜物则请布摩先生算出所拜之物，如巨石、大树等，由主家备办酒肉，按选择的吉日吉时带小孩前往祭拜。此后，每年都要按规定时日前去祭拜。

第三节　江山多娇

民族的繁荣发展离不开现代化，而现代化的发展，首先必须是人口素质的提高。而人口素质的提高，又以文化程度和文盲率的高低为基础和前提。因为，人是生产力诸要素中最重要的要素，生产力能否发挥作用，是由人决定的。一个国家或地区，一个民族甚至到一个人，其发展水平、收入水平，关键就在文化素质的提高上。文化程度和文盲率的高低，不仅是衡量一个国家或民族社会经济发育程度的重要因素，也直接影响和制约着经济发展潜力和未来社会进步的希望。

据国务院人口普查办公室、国家统计局人口与就业统计司编《中国2010年人口普查资料》显示，2010年，布依族人口文化程度，6岁及以上人口259.88万人，其中，受过小学以上（含小学）教育的占87.77%，比2000年的77.19%，提高了10.58个百分点；受过初中以上（含初中）教育的占42.77%，比2000年的26.54%，提高了16.23个百分点；受过高中以上教育的占11%，比2000年的6.24%，提高了4.74个百分点；受过大专、大学教育的占4.48%，比2000年的1.36%，提高了3.12个百分点；受研究生教育的有1622人。①

以上数据表明，10年来布依族在每个阶段受教育的人口数，都得到了大幅度的提高，正向着繁荣发展的方向努力迈进。可喜的是，多年来一直困扰着布依族的文化程度提高与文盲问题严峻同时存在的现象开始发生转变。文盲率大幅下降，在全国各个民族每百人所拥有的大专及以上程度人口的比例中，布依族也有明显的提高。2010年，在6岁及以上的259.88万人口中，文盲人口为31.79万人，文盲人口比

① 中华人民共和国国家统计局普查数据，http://www.stats.gov.cn/tjsj/pcsj/rkpc/6rp/indexch.htm.

率为12.32%，其中男性文盲率为3%，女性文盲率为9.24%。而10年前，2000年布依族文盲人口为48.83万人，文盲人口比率为23.77%，男性文盲率为11.02%，女性文盲率为37.00%。而1990年，布依族文盲人口还高达72.29万人。

布依族人口素质和文化素质显著提高，得益于党的民族政策和各项方针的贯彻和落实；得益于布依族地区文化、教育、医疗卫生等事业的蓬勃发展；得益于人口健康状况明显改善，死亡率下降，人口预期寿命逐年提高，以及人口增长率下降，人口结构、行业结构的不断改善等。特别是在文化教育方面，是党和政府长期以来，坚持长抓不懈的结果。

新中国成立以来，政府拨专款设立民族小学、民族中学，普通中学也增设民族班，对少数民族实行免费教育，布依族子女纷纷入学读书。黔南和黔西南自治州专设民族师范专科学校（现已改为民族师范学院，由大专升格为本科）、民族行政管理学校（中专）和各种中等技术学校，培养民族干部和各种专业人才，不少布依族学员参加了学习。

20世纪80年代，布依族地区已基本实现村有初小，乡有完小，区有初中，县（市）有高中这种以普通教育为中心的社会主义教育体系。随着改革开放和社会主义现代化建设的深入发展，布依族地区的办学条件不断改善，教师素质和教育质量不断提高。据统计，在布依族聚居的黔南和黔西南两个自治州，1991年，黔南州全州小学已由1956年建州的1490所发展到3747所，其中民族小学35所；中学由14所发展到139所，其中民族中学8所；中专学校11所，其中民族中专4所；大专4所，民族大专2所。所有在校生已达56万人，少数民族学生25万人，占46%。至2002年，黔南州全州已有都匀、福泉、贵定、龙里、瓮安、荔波6个县（市）通过省人民政府“两基”评估验收，实现了基本普及九年义务教育和基本扫除青壮年文盲的目标，其中都匀、贵定、龙里、福泉、翁安已通过省政府“两基”复查率“普及中小学实验教学”验收。全州已有192个乡镇通过县（市）人民政府“两基”评估验收，占全州总乡镇数的81%，普及九年义务教育人口覆盖率达86.1%。1991年，黔西南州全州小学已由1982建州时的2283所发展到2884所，其中民族小学14所；中学由93所发展到122所，其中民族中学7所；职业中学由3所发展到16所，其中民族职业中学3所；大中专9所，其中民族中等师范1所、民族行政管理学校1所，民族师专1所。所有在校生已达41万多人，其中少数民族学生16万人，占40%左右。在两个自治州的少数民族学生中，布依族占绝大多数。并且，通过中学阶段的学习，大批布依族学生考入贵州民族大学、西南民族大学、中央民族大学和其他高等院校学习，还有不少攻读硕士和博士研究生及出国留学。为了适应改革开放的需要，各地还开设了电大、夜大、函授、培训班、进修班等成人教育和职工教育，许多布依族青年和干部参加学习。

近年来，布依族中已经培养出一批又一批省、州、地区、市、县等各级领导干部和教育界、科技界、文学艺术界的专业人才。特别是涌现出一大批教授、研究员、工程师、作家、音乐家、画家、舞蹈家等高层次人才，成为社会主义建设的带头人和骨干力量。①

当然，布依族地区要跟上近年来快速发展的步伐，实现与全国同步进入全面小康社会，任务还非常艰巨，特别是发展大学教育、培养高层次人才的任务更加艰巨。布依族文化教育、医疗卫生等事业的发展，各地区很不平衡，与其他先进民族和发达地区相比差距还很大，特别是与人口现代化的各项指标差距还相当遥远。必须继续把优先和超前发展教育放在首位，深入挖掘和弘扬布依族耕读为本的民间传统

① 王伟．布依族教育今昔谈．布依族文化研究文集．贵州省布依学会北京学会组编印，250.

观念，除政府提高教育投入和深化教育改革外，还要激发广大人民群众参与和投入教育的积极性、主动性，采取有效措施扫除青壮年文盲，杜绝产生新文盲，尤其是妇女文盲。大力培养适应民族地区改革开放新形势，实现跨越发展新需要，能够推动工业化、城市化和农业现代化"三化"同步建设的各级、各类优秀人才，使布依族地区经济社会发展切实转变到依靠科技进步和提高劳动者素质上。

第四节　走出大山　放飞梦想

改革开放以来，布依族农村地区广大农村青壮年毅然走出田间、走出乡村、走出大山，走进城市、走进工厂、走进沿海发达地区，加入中国新型劳动大军——中国农民工的行列，用他们辛勤的劳动和汗水，放飞梦想，创造着自己的新生活。同时，也开启了布依族农村地区真正由传统社会向现代社会转型的新开端。

据国家统计局发布的最新抽样调查结果推算报告，2011 年全国农民工总量已超过 2.5 亿人，其中，外出农民工 1.5 亿人。根据国家统计局的指标解释，所谓外出农民工，是指调查年度内在本乡镇地域以外从业 6 个月及以上的农村劳动力。四川省是全国外出农民工最多的省份，被称为"打工第一省"，跨省外出人数达 1753 万人，占全国流动人口总数的 11.69%。其次是安徽省，跨省流出人数 1723 万人，占全国流动人口总数的 11.49%。第三是湖南省，跨省流出人数 1396 万人，占全国流动人口总数的 9.31%。布依族聚居的贵州省，也是农民工输出大省，跨省流出人数为 693 万人，占全国流动人口总数的 4.62%。

布依族农村地区劳动力外出打工，最早是从 20 世纪 80 年代开始，90 年代初进入了高潮，并呈逐年上升趋势。最初，多是自发行为，先是寨子里有一些有闯劲的年轻人跟其他寨子的人或亲戚外出，然后又

带动本寨子的年轻人或其他寨子的亲戚外出，一个带一伙，一伙带一群，相互影响，相互带动。后来，各级政府开始重视当地的劳务输出工作，进行了有组织的劳务培训和输出。先由政府劳动部门与发达地区用工企业联系，签订用工协议，并根据用工企业需要，招收具有一定文化程度的农村青年男女，进行短期的培训后，再分批输送到沿海发达地区的相关用工企业。但自发性外出仍然是主要途径，因为，他们普遍依赖并信任于以亲缘、地缘关系为基础建立起来的社会信息网络。据调查，近年来，通过自发外出的仍在 80％以上，有组织的外出不到 20％。在布依族地区农村，年轻人几乎都外出打工，大多数村庄见到的多是老人和孩子。2008 年受金融危机影响，部分农民工返乡创业。但外出比例仍然很高，如黔西南布依族苗族自治州，2012 年，返乡农民工 8.93 万人，返乡人数仅占全州外出务工总数的 17.9％。在全州 162.85 万农村劳动力中，外出务工人员仍有 49.96 万人。

新一代的布依姑娘当上了导游　（民族画报提供）

布依族地区最早外出打工人员多在广东的深圳、湛江、珠海、东莞、广州、中山，海南岛的海口，广西的北海，浙江的杭州、宁波，

福建的福州、厦门，四川的成都，云南的昆明，贵州的贵阳以及上海、北京、重庆等地。布依族青年通过在大城市和沿海发达地区的打工经历，开阔了眼界，增长了知识，学到了技术，增加了收入。很多人通过外出打工改变了家庭的生活状况，带动家乡观念的变化和经济的发展。目前，外出务工仍是布依族广大农村地区拓宽农民就业的主要渠道，促进农民增加收入的重要来源，改变贫困面貌和脱贫致富的主要途径。事实充分证明，“输出一个，脱贫一户；输出百个，脱贫一村”。而且外出打工人员，多是农村的青壮年，也是农村劳动力中受教育程度比较高的群体。他们思想活跃，向往城市生活，有强烈的外出就业冲动，也较为容易适应现代工业生产要求。一些人通过外出打工完成了原始资本积累，成功地走上了自主创业的道路，成为致富带头人和优秀企业家。例如，黔南州罗甸籍布依族外出务工创业青年罗仕斌，依托自己公司的文化优势，大胆创新，巧妙将文化因素融入电气产业之中，努力改变以往电器文化节就是办电器展览的模式，以文艺表演形式演绎电气产业的发展。曾于 2005 年在温州成功举办中国电气营销峰会，还被黔南州评为“外出务工创业杰出青年”等。

布依族农村地区外出打工人员，每年依旧忙忙碌碌、辛辛苦苦地奔波于城乡之间。“亦工亦农、亦城亦乡”的处境，迫使他们只能在城乡间双向流动。这种所谓“候鸟式”的人口流动，其形式主要有两种：一是“钟摆式”，以年为周期在城乡和地区之间流动。二是“兼业式”，以农业生产季节为周期，利用农闲时间外出打工。他们在城市和发达地区打工获得的收入，除用于必需的生活消费支出外，大部分带回了农村。这些资金成为购买农业生产资料和改善生活条件的重要资金来源，对农业和农村发展的促进作用是国家各项财政支农资金所不能比拟和替代的。外出务工已成为工业带动农业、城市带动农村、发达地区带动落后地区的有效实现形式。

第六章

山水人家　田园本色

家庭是社会的细胞，是以婚姻为基础，以血缘为纽带而组成的最普遍最基本的社会组织形式。布依族是一个原生的农耕民族，很早就以一家一户为基本单位，以父系血缘关系为纽带组合起来，并在此基础上形成行政管理关系和政治体系。在传统家庭中，一般都由年长一辈的男子作家长，有掌握全家经济和支配每个家庭成员的权力。布依人讲究家庭教育，有着严格的家规。家族中虽然实行的是民主议事制度，但自然寨老或族长仍有着较高的威望。遇事民主协商，宗族全体成员大会是宗族议事制度的最高形式。随着社会的发展，宗族议事制逐步变成以地缘关系为基础的类似于部落议事会议的农村公社组织——议榔制。

第一节　布依人的家庭

布依族家庭普遍为一夫一妻制的父系家长制形式。进入私有制社会后，布依族的父权制家庭已经牢固确立，父亲是一家之长，拥有经济支配和管理家庭的一切权利。无论是家庭财产的支配，生产、生活的安排，子女的婚姻，还是对外的各种事务等，都由父亲主持处理。

布依族的世系按父系计算，子女按父系族辈取名。只有没有男孩子的人家招婿上门，所生子女须从母姓，但可“三代还宗”，到孙辈改为父姓。如果父亲去世，家长的地位由长子继承，长兄就是一家之长。分房时长兄要住正房，家族中要处理什么问题时征求长兄的意见。因此有“风吹吹大坡、有事找大哥”，“长兄为父、长嫂当母”之说。过去，布依族妇女在家庭中的地位比男子低，一切都必须服从于男子意志，还要受“三从四德”等封建思想的束缚。在社会和家庭分工上，一般是男耕女织，但妇女除了纺织外，还承担着繁重的家务劳动。现代家庭，大多都是由父母共同做主，由于父母各自的能力作用不同，有的家庭父亲说了算，有的是母亲说了算，有的是民主决策，父母儿女共同商定。

布依族妇女在刺绣　（周国茂摄）

1. 家庭的类型。

布依族家庭是建立在婚姻基础上的，人们缔结了婚姻，就意味着一个新的家庭已经开始或即将开始。布依族家庭大小不一，但多为夫妻及其子女组成的两代小家庭，也有三代、四代同堂 10 人以上的大家庭。这种家庭被认为是“家庭和睦、子孙繁衍、人财兴旺”的大户人家。布依族家庭大多以直系血缘组成，包括父系血缘、母系血缘，也有非直系血缘组成的家庭。从家庭的构成可分为多重型家庭、复合型家庭和单一型家庭三种类型。

多重型家庭是较为古老的家庭形态。布依族的多重型家庭往往是女婿由于家境及生活条件所迫，或是外家缺乏劳动力等因素，女媳到外家生活，与岳父、岳母、舅子、姨娘等组成一个不同姓氏的多重型家庭。这种家庭的特点是，岳父、岳母主持家庭的大小事务，女媳所生子女在家庭中没有主导地位和财产继承权。数年之后，待创造了一定的经济基础或其舅子已成家立业，女媳便可携其妻儿回其家族中自立家业。这种家庭形态一般较少。

复合型家庭是传统社会中备受推崇和向往的家庭形态。在布依族地区，这种家庭被称为“三代同堂”、“四代同堂”、“五代同堂”。其构成往往是：三代同堂，即第一代夫妇——第二代夫妇及子女——第三代夫妇；四代同堂，即第一代夫妇——第二代夫妇——第三代夫妇及子女——第四代夫妇；五代同堂，即第一代夫妇——第二代夫妇——第三代夫妇——第四代夫妇及子女——第五代夫妇。这种家庭结构，突出了婚姻关系的多层次，血缘关系的多子女的特点，形成了多层平行的同代夫妇加子女的复合。几代同堂的大家庭在布依族的家庭观念中被认为是“家庭和睦，子孙繁衍，人财两旺”的象征。这种家庭多以雄厚的经济财富和“同堂”的荣耀为基础，由于人类对财产占有欲的本能常常对伦理提出严峻的挑战，加之生命的自然轮回，以上一代的名望建立起来的强大家业，往往也随着上一代的逝世而瓦解分离。因此，这类家庭并不常有。

单一型家庭是布依族最为普遍的家庭形态。其构成主要有夫妻单一家庭、夫妻及子女的两代小家庭、同胞家庭、单身家庭等。在布依

族的家庭观念中，房屋、财产和家庭成员是构成家庭的必要条件，而且家庭成员必须在一个炉灶吃饭，成为共同生产、共同消费的生活单位。如果不在同一个炉灶吃饭，即使是父子、母子、骨肉同胞，也不能视为一个家庭。而单身者、父母双亡的同胞生活在一起，亦是一个家庭。

2. 分家的习俗。

布依族家庭大多有分家的习惯。儿子长大结婚有了孩子，一般都要与父母分家，另立门户建立小家庭。特别是弟兄很多的家庭，都是要分家的，正如民间所说的："人大分家，树大分丫。"但弟兄分家，首先必须考虑好对父母的赡养问题，把责任分别落实到每个人的头上。在分配财产时，要给父母留下一份"养老田"，由弟兄轮流给父母耕种、收割。父母逝世后，"养老田"一般转为"上坟田"，也有的则把它平分划归为"私田"，到"清明"上坟时，再由兄弟议定凑出谷米作为上坟之用。也有不分养老田地而由兄弟轮流赡养的。一般来说，父母多与幼子居住和生活，"皇帝爱长子，百姓爱幺儿"，因此，分家后长子都是另辟新居，老屋让给父母和小弟。这样在父母身边的幼子承担的责任就相应多一些，但其他的儿子并不是没有责任了，也要随时帮助父母做事，家中做得好饭好菜要先给老人送去。如果是独子，则不与父母分开单过。

3. 赡养与财产的继承。

在布依族家庭中，父母有养育子女的责任，子女有赡养父母的义务。父母辛辛苦苦把儿女养大，儿女必须孝敬父母。父母老了，子女们共同承担赡养的责任。因此，子女都有权利继承父母所遗留下来的财产。大部分地区的布依族家庭的财产继承均为"有男归男，无男归女，无女归宗"。只有少数地区，即使是没有男孩的人家，女儿也无权继承财产。

在布依族宗族中，若有人绝嗣，族人可以继承财产，出卖土地时，要先告知族人，族人不要，才能卖给外人。清代还有“绝后田产归公”的规定。现在，一般大多是由血缘最近的族人或亲友负责绝嗣老人晚年及后事等，其财产一部分作为死者丧葬的开支，剩余部分归代葬者。没有子嗣的家庭，也可以抱养子或招上门女婿，养子和上门女婿在家庭中的地位同亲儿子一样，可以参加女方家族的一切活动，有财产继承权。抱养子，也称“过继儿”，通常是无儿无女的家庭，或儿女都死了的家庭为了防老才抱养子或找过继儿。在布依族地区的抱养子或过继儿有“三代还宗”的习俗，因此，一般很少抱养或过继。

招上门女婿的婚俗，是母系社会从妻居婚姻的遗存，在布依族社会并不少见。过去，招婿上门，所生子女须从母姓，但可三代还宗，到孙辈改为父姓。后来随着社会的发展，这一习俗也就变得不那么严格了，子女可随母姓，也可随父姓。不过，由于养子和上门女婿是非血缘亲属关系，一般来说感情不会有亲子关系那么深厚。虽说养子或上门女婿不论在家庭还是社会上都会受到尊重，不会受到任何歧视，但严格地讲其地位还是不高，往往被当成外人看待。再由于宗族的影响，有的地方在抱养子或招上门女婿时，还要得到家族大多数成员的同意。故无子嗣的家庭，多由亲侄子赡养老人，继承香火。就整体而言，布依族人们对家族寨内的鳏寡孤独、老弱病残者，总是非常体贴同情，常常自觉捐钱、捐物、捐粮给他们，帮他们干农活，修补房屋，照顾他们的生活起居等。让他们在衣食住行上有保障，在精神上有安慰。这是布依族团体精神的表现。

4. 家庭起居。

布依族家庭居住的村寨多依山傍水，靠近平坝，水流灌溉方便。多数村寨的周围，环绕着茂密的树林，风景优美宜人。男耕女织，日出而作，日落而息。房屋建筑有平房、“干栏”楼房和适应斜坡的“半

边楼”等，大多数为3间、5间，也有7～9间的。不管是几间，一般都以中间的那一间为中堂，当地称为堂屋。堂屋是最神圣的地方，它的用途多半用来接待客人和供奉祖宗，正堂设有神龛，神龛下方只限安置一张供奉祖宗的四方桌，有的称为八仙桌。其他杂物不再堆聚在此。除了堂屋作为专用之外，其余左右间可以分隔成若干小间，有的作卧室，有的作客房，有的作厨房不等。

多依河畔的布依族村庄　（刘建明摄）

家庭设备，虽说大多比较简单、朴素，但是很卫生。布依族历来有大扫除的习惯，俗称打阳尘。平时家家户户屋内屋外都收拾得干干净净，不管走到哪户人家，都会有非常清洁卫生的感觉。逢年过节，就更加讲究了。每逢节日来临之前，家家都要搞一次大扫除，清洁卫生，每家的房前屋后都要打扫得非常干净、整洁，屋檐下的淤泥或杂草都要撮光铲净，使人有一种清洁、卫生之感，增加过节的气氛。比如，端午节，人们还要采来艾蒿、菖蒲挂在门上和放入水缸里，用雄黄、大蒜、艾蒿、菖蒲捣碎兑酒喷洒屋里，用生石灰拌艾蒿、菖蒲撒于厕内，以防蚊虫、杀苍蝇、避疫祛邪。“六月六”各家还要把衣物、被子全都搬出来晒以防虫蛀。如果个人或家庭卫生很差，就会被同村人耻笑。

第二节　家风与家规

家风是在长辈或家庭成员的影响下，自然形成的一种潜移默化的家庭风气。布依族的家风以民族传统美德为基础，绝大多数家风都有统一的风貌，如尊老爱幼、团结和睦、夫妻恩爱、勤俭持家、注重家教等。各地布依族都有严格的家规和族规，违者照规处理。

1. 尊老爱幼。

布依族人民自古就有尊敬长辈和关心后代的传统美德。在布依族家庭中尊老爱幼、孝悌和睦是家庭成员的守则。尊老有对家庭长辈的尊敬和对同辈年长者的尊敬。在布依族家庭和村寨中，长辈，特别是老年人普遍受尊重和爱戴。对老年人是不允许直呼其名的，否则被视为失礼而受到众人的谴责。每逢重大事情，都要由村寨年纪最大的老年人（族长或寨老）出面商议解决。对长辈的训导，要认真听取，做到“有则改之、无则加勉”。与老年人同路，要让老年人先走。若路遇长者，须主动站立路边让路。骑马的人若在路上遇见老年人，要下马让路，若是同路，要主动把马让给老年人骑。遇见老年人提东西，要主动帮老年人提。与老年人同席，要让老年人坐上席，年轻人只能坐在左右两边的位置，先夹菜给老人，主动给老人添饭。

布依族儿童　（罗剑摄）

在老年人面前，年轻人不能跷二郎腿或嬉笑打闹。给老年人装烟、倒茶、敬酒、添饭等，要双手递。布依族要求儿女都要孝敬父母，逢年过节要请父母来吃饭，吃饭时，要让父母坐上席，先夹好菜给父母。遇上来客人，要请父母来陪客人吃饭。嫁出去的女儿，也要常回家探望父母。父母遇上困难，儿女们要尽力帮助解决。父母到了五六十岁，就不让做犁田、打耙、挑担等重活。平时再困难，也要给父母买几件新衣。要安排好父母的晚年生活，提前购置好寿木等寿终用品。老人去世后，由儿子负责办理丧事，女儿女婿前来祭奠，以尽孝道。如果遇上儿女不孝敬父母，甚至打骂父母的，族人就要按族规进行干预。在家族中每个家庭，都很孝敬家族中年纪最大的长者，逢年过节，要请长者到家来过节或给长者送些好吃的东西，上街赶集，要给长者买些糕点或日常生活用品。

反之，布依族长辈、父母也非常关心下一代。竭尽全力哺育子女健康成长，不管家境如何困难，也要尽力供子女上学读书。过去，孩子到了七八岁，就要送他们去求学，或是与近邻相约，请先生到家中办私塾。在很多布依族地区，都有办过学馆、学堂的历史。耕读为本的理念一直延续至今。平时，晚辈孝敬老人的糕点糖果，老人总是藏着舍不得吃，几乎一次次地最后全都分给了年幼的儿孙们。不准打骂孩子是布依族爱幼家风的基本要求，为了让孩子得到很好的护佑，甚至赋予了宗教观念，认为孩子在12岁以前，有12个“母神”随时在其左右保护着，分管着孩子的各种活动，打骂孩子就会让“母神”生气，使小孩遭受病害。为了让小孩健康成长，除了不准打骂孩子，逢年过节还要祭祀“母神”。布依族是绝对不允许遗弃婴儿的，不论男女、残疾、痴呆都不准遗弃、不准虐待，否则是要遭致报应的。过去，布依族认为孩子的生命是花界（主管小孩灵魂的神界）给予花魂赋予胎体而成的，如果遗弃婴儿，“花神”生气了就不会再给予花魂，夫妻就不会再有生育。布依族家庭对于子女，不论男女、不论长成什么样子，都视为掌上明珠。

2. 家庭和睦。

家庭和睦是布依族家庭又一大特点。家庭成员之间要相互谦让，团结和睦，家和万事兴。首先，兄弟姐妹要团结一心，像一把筷子握在一起谁也掰不断。其次，儿媳要处理好与公婆的关系。布依族儿媳都有“生为这家人，死为这家鬼”的观念，都能将公婆当作自己的父母来看待。儿媳有什么难处，总是先找公婆商量。小两口吵架，公婆总是先教训儿子。儿媳与叔子、姑子、妯娌也相处得很好，有点什么小口角，总是先用一句俗话来自警：“天地几万年，我们得一世。”意思是天地几万年才把我们转到一起，应该好好珍惜。夫妻之间互谦互让更不用说。由于有了相互谦让的家风，布依族家庭大都能和睦相处，家庭成员之间大都有“不计前嫌，面向明天”的胸怀和修养。即使到了“人大分家，树大分丫”的时候，也能遵循“宁可分在好言语，不要跟在坏语言”的准则，让分家分得和和气气，分得明明白白。

3. 夫妻恩爱。

布依族家庭中特别强调夫妻恩爱。夫妻在劳动生产生活中虽有分工，但通常都是不分彼此，通力合作，共同勤俭持家。有事共同商量，相互尊重，互谦互让。有好事先让给对方，在外面相互维护尊严和威望。丈夫关爱妻子，特别是妻子怀孕的时候，更是关怀备至，不让妻子干重活。夫妻间一般不直呼对方的姓名。生育前，一般叫对方的乳名，表示亲切。生育以后，即以孩子的本位来称呼，如“伯蒙”、“乜蒙”，意思与汉语“孩子他爹”、“孩子他妈”差不多。在和睦的家庭中，丈夫一般都比较民主，家庭事务中常常尊重妻子的意见和要求。有的家庭丈夫认为妻子比自己能干，许多事情都让妻子做主，妻子成为事实上的家长。平时，夫妻之间偶尔难免发生口角，但只要听到家

人或外人进门来，马上转怒为喜，破涕为笑，不让人看出痕迹。正如布依民歌所唱的：

（女）以后来年成一双/要是你生气/我就去院里埋头搓麻/待你气散了/回屋我们慢慢交心谈。

（男）以后来年成一对/要是你生气/我就背筐上山去割草/等你气散了/回屋我们慢慢摆家常。

4. 勤俭持家。

布依人操持家业，历来重视勤俭节约，反对铺张浪费。秉持“勤俭永不穷，坐食也山空”的古训。为了操持家业，供子女上学，奉养老人，修建新居，操办子女婚事等，布依族家庭成员，时常是起早摸黑，天还麻麻亮，媳妇就起来舂碓推磨加工食品，姑子起来去挑水，孩子们起来扫地喂鸡，公婆起来撬火烧水，准备做早餐。早餐后，年轻人下地干活，小孩子上学读书，老年人收拾家务，放牛喂猪，准备午饭。遇上农忙时节，常常是要忙到半夜才吃晚饭。平时，晚上妇女们还要织布、纺纱、蜡染、刺绣、织锦等，用来自用或出售。作为农耕民族，布依族特别知道节俭，吃饭时教育小孩子不要撒落和糟蹋粮食，否则会遭雷打，在布依族民间文学中，也有许多关于节约粮食的生动故事，如《富人借粮》、《粮食飞走的传说》等。

5. 注重家教。

布依族家庭都很重视家庭教育，布依族民间谚语中就有“木头不钻不空，人不教育不懂”，“锯子要常锯，儿女要常教”等说法，说明教育的重要性。布依族家庭教育的主要内容，有孝顺父母、尊老爱幼、团结和睦、勤俭持家、勤劳致富等。教育的方式，主要是父母对子女、兄姐对弟妹在日常生产生活中的言传身教，以身作则，用具体行动示范和指导。从小培养他们懂得文明礼仪、注重言行举止、讲究礼节，使子女学会尊敬长辈、尊重他人、团结友爱、谦让顺和、诚实待人、有错就改等。小的时候，着重教他们做人的知识，长到一定的年龄，就要教他们各种手艺和各种人际交往的本领，锤炼他们的生活能力。由于稻作农耕的家庭分工，父亲和兄长主要负责男孩子的为人处世、生产技术技能的教育，母亲、姐姐和嫂嫂负责对女孩子的为人教育和织布纺纱、蜡染刺绣等技能的传授和指点。通过有关神话传说、故事歌谣、格言谚语，以及婚丧嫁娶等民俗活动进行教育，世代相传，潜移默化。

农田中干活的布依族妇女　（王景和摄）

6. 家规。

家规，又叫家法、家约等，是家长训诫和制裁家庭成员的规则和习惯。布依族家规有习惯共识法、共识行文法两种，以前者最为普遍。作为一个民族，家规有许多共性，如在一些家谱和乡规民约中都明文规定有："讲忠孝、讲道德、讲信义、讲礼貌、讲耕读"和"偷抢不干、嫖赌不沾、脏话不说、打杀不做、犯法莫为"等家规戒条。一般家规

的执行等次有对一般过失的训诫，对严重过失的训诫与处罚，对破坏行为规范的处罚，对反叛行为规范的处罚等。

历史上，对违反家规的，轻则由家长批评教育，重则体罚，受皮肉之苦，甚至有被家庭处死的危险。一般来说，在布依族家庭中，由于在强调自觉遵守家规的同时也非常重视团结和睦，家长和其他家庭成员间没有显著的不平等现象，处理家庭的重大事务时，其他成员也可以平等地发表意见。因此，布依族家庭虽然家规严厉，辈分分明，但家庭通常都很和睦，家庭成员间的互助和履行家庭义务带有强烈的感情色彩，人们自觉遵守由祖先传承下来的生活习俗，违反家规的现象并不多。

新中国成立后，布依族社会得到了很大的发展和进步，特别是社会主义人与人之间新型关系的确立，布依族的传统思想观念和道德风尚都发生了深刻的变化，很多家规和族规已经摒除了一些落后的不利于民族团结进步和经济社会的发展的遗俗，增加了一些体现新时期价值观念、时代精神和遵守国家法律法规的新内容。

第三节　家族的威望

在传统的布依族社会，同一血缘关系的人们都有自己的家族、宗族组织和制度。

1. 家族和亲族。

布依族的世系按父系计算，通常是以一个男性始祖为中心，按照父子相承的继嗣原则上溯下延。在一个家族里，通常有直系血亲和旁系血亲之分。

直系血亲一般由我起上溯五代，下延五代。上溯五代为，父母—祖父母—曾祖—高祖—六世祖；下延五代为，子女—孙—曾孙—玄孙—六代孙。上溯下延，作为家谱记载，还可以类推，但人们一般往来的也就在三四代以内。辈分记录着血缘的轮序，由自我向尊辈推算，辈分越高的与自我的亲密程度越小，越低的则越比较亲密；由自我向下推算，辈分越高的与自我的亲密程度越大，辈分越低的与自我的关系越疏远。

旁系血亲是直系以外的在血缘上和自己同出一源的人及其他们的配偶，如兄弟、姐妹、叔伯、伯母、婶婶等。一般列到第四旁系。第一旁系，同父母；第二旁系同祖父母；第三旁系，同曾祖；第四旁系，同高祖。第一旁系最为亲密，第二旁系次之，以此类推。过去由于重男轻女思想的影响，男性继承家世，弟兄间的关系比姐妹间的关系更为亲密，更为重要。布依族家族中严格实行同宗不婚。

以婚姻关系建立起来的亲族关系，主要有姻亲和挂角亲两种。姻亲关系比较广泛，也很复杂。通常包括以下关系：配偶，这是自我最直接最亲密的姻亲，配偶与自我共同开创直系血亲；配偶的血亲，主要有配偶的父母、弟兄、姐妹等；配偶血亲的配偶，如丈夫兄弟的配偶，妻子兄弟的配偶等；血亲的配偶，如子女的配偶，兄弟姐妹的配偶等；血亲配偶的血亲，如子女配偶的父母、兄弟、姐妹及其配偶等。在众多的亲族关系中，除作为家庭成员的配偶外，一般与配偶的兄弟最为亲密。历史上，姑舅两家总是最理想的联姻对象，有姑舅表婚的开亲习俗，俗话说："侄女赶姑妈，不肯也要拉。"

在布依族的亲族关系中，与舅家的关系最为密切。以舅为大，舅爷最受尊敬。在婚丧嫁娶等各种大事小事中，对舅爷的到来都要举行隆重的迎接仪式，安排客房时必须高过自家的住处。布依族起房建屋时，一般大梁都不自备，由舅家赠送。在布依族的亲族关系中，配偶的其他亲属，配偶上下两代以外的血亲，第二旁系以外的旁系血亲等，属挂角亲。新中国成立前，布依族大多聚族而居，基本上不与外族通

婚，联姻范围有限，所以有“老亲老戚”和“转来转去都是亲戚”的说法。挂角亲戚平时虽然很少往来，然而一旦有事都会站在一起的。过去人们为了生存，都要设法扩大势力范围和互助力量，尤其遇到发生复仇事件时，凡沾亲带戚的人都会义不容辞地前来相助。①

2. 亲属称谓。

亲属称谓是对婚姻家庭形式的记录和反映，有什么样的婚姻家庭形式，就有什么样的亲属称谓。每个民族都有自己的亲属称谓，而这些亲属称谓与本民族的社会形态、婚姻制度、家庭形式和外来文化等，都有密切的联系。因此，每个民族在亲属称谓上都反映出各自不同的特点。例如，布依族在民族语的称谓上，与汉族的亲属称谓就有所不同。对父母辈的称呼，无论是父系或是母系，一般都因年龄比父母大小有所区别。而汉族的称谓除伯父、伯母、叔父、婶母有年龄区别外，舅父、舅母、姑父、姑母、姨父、姨母等都没有比父母年龄大小之区别。一般来说，亲属称谓往往要落后于它所反映的婚姻家庭形式。在我国的一些少数民族的亲属称谓中，还有部分地区存在着历史上遗留下来的原始类分式称谓法，及对部分亲属只有统称而没有专称。布依族的亲属称谓基本都是明确的个人，不包括其他人，这从一个侧面反映出布依族的婚姻家庭制度已经发展得比较完善。此外，由于布依族接受汉文化较早，与汉族交往密切，汉文化的影响很深，因此也借用了不少的汉语称谓，或两种语言的称谓并存并用，这种现象在民族杂散居地区更为普遍。这既是民族习俗的反映，也是民族文化交流的结果和民族团结的象征。②

---

① 韦启光，石朝江，赵崇南，佘正荣．布依族文化研究．贵阳：贵州人民出版社，1999：101、103.

② 王伟．布依族亲属称谓．布依学研究（之四）．贵阳：贵州民族出版社，1995：248.

3. 宗族群体。

在传统的布依族社会，同一血缘关系的人们都有自己的宗族组织。根据族规，同一宗族的人不能通婚；同一宗族在老人过世时举行的祭祀活动古摩和所念的摩经相同；同一宗族有相互帮助的义务等。宗族中有人绝嗣，族人可以继承财产，出卖土地时，要先告知族人，族人不要，才能卖给外人。每个宗族都保留有一块公有“坟田”。宗族分为“大宗族”和“小宗族”，“大宗族”为同一祖先传下来的后裔，“小宗族”则为血缘较近的宗族分支，称为“房”。同一宗族的人们一般聚族而居，一姓一寨，也有同宗同姓的子孙繁衍而分居数个村寨的，每个宗族都有族长，每个寨都有寨老。

4. 族长和寨老。

族长在宗族成年人中自然产生，一般由辈分较高并有威望者担任。族长和其他家族成员地位平等，没有任何特权。族长的对内职责是申张家传、家教和家规；弘扬办事公道，尊老爱幼，相互帮助，自立自强，不欺人亦不怕人欺；以理服人，热心公益事业，爱村爱家等优良品格。依照族规调解、仲裁家族内部的婚姻、土地、财产等民事纠纷。对违反规矩者进行批评教育或给予罚款，或其他处罚。族长对外的主要职能是组织家族成员保护家族利益，主持对外人际交往，大事协商，纠纷谈判等。族长的行动受族内意见的制约，在外代表族内利益，维护族内尊严，体现族内的风格气度，主持宗族议事和筹办各种祭祀活动等。如果族人发生纠纷，或违反族规家规，一般先在小宗族内调解处理，解决不了才到宗族来解决。

宗族祭祀活动，主要有“祭铜鼓”、“祭扫祖坟”、“祭神田”、“祭神山、神林”等。由族长主持召开各家长会议，确定祭祀活动内容、祭祀规模、分工及费用数额等。清明节祭扫祖坟，过去开支由宗族“坟田”收入支出，现在多是由每户出钱粮若干。届时聚于祖坟前，杀

猪置酒祭祖，举行合族宴会。此类活动有忆祖思今、团结向上之功能，也是增强宗族内互相帮助，不计报酬。因违犯族规而被革除的，不允许参加本宗族活动，受社会鄙视。族长如果不能维护和代表本宗族利益，宗族可以召开会议批评他，甚至撤换他。

祭祀用的铜鼓　（罗剑摄）

寨老，布依族语称为“博老”或“布光”。俗语云，“板又光，兰又主”，意为“寨有寨老”。寨老和族长一样，多数是自然形成的，也有经过选举产生的。寨老少则两三人，多则五六人，视村寨大小和人数多少而定。寨老一般由同寨宗族中的男性长者担任，应办事公道、深明理义、广见博识、作风正派，能维护和代表全寨人的利益，为全寨人所敬仰，具有较高威望。同一个宗族居住的村寨，族长同时也是寨老。寨老和村民的地位平等，没有任何特权。寨老的职责，对内主要是组织制定本寨的乡规民约，主持和办理本寨日常事务，如节日安排，公益活动，寨神祭祀，处理寨内纠纷等；对外代表本寨利益，作为本村全权代表参加解决寨与寨之间的有关问题，组织领导全寨出击和抵抗外侵或外侮。新中国成立前，布依族村寨既是一个联合自治的组织，又是一个军事组织。为了防盗、防匪以及防别的村寨的袭击，各寨都建有一定的防御措施，村寨周围砌有石墙或土墙等。

祭寨神庙会亦是寨老的职能之一。民国年间，此俗还较盛行。布依族每个村寨寨口都建有一座土地庙。一般每年农历“三月三”、“六月六”都要对寨神行祭，每次祭祀活动要用牛、猪、公鸡等物，由寨老主持，祭司“布摩”先生念经祈祷丰收。祭祀完毕，由寨老宣布村规民约，寨人同餐共宴。有的在祭祀活动完毕后，进行选举寨老的活动，有的在寨老的主持下共同制定或修改乡规民约，或共商全寨大事。凡参加的人均可自由发表意见，最后根据多数人的意见作出决定。虽然其形式是宗教的，但是，这对团结人心，强化村规寨矩，增强内聚力有较大作用。

新中国成立后，祭寨神、庙会已趋消失，但寨老制残余仍存在。近来有些地区请寨老参与制定乡规民约，执行起来很有效果，说明寨老制是布依族社会不可忽视的传统力量。布依族传统社会组织“宗族制”、“寨老制”，都是源于古代氏族管理制度，是古代民主制的继承和发展。

第四节　从宗族议事到议榔制

宗族议事制度是布依族先民设立的早期议事组织，其形式有宗族全体成员会议、宗族代表会议、宗族长会议、当事人与评中人专门会议、有关方面协商会议等。其中，宗族全体成员会议是这种民主议事的最高形式。每个宗族都通过以上这些宗族议事形式，商议和制定各种习惯法和乡规民约，来有效管理宗族内部事务，伸张家传、家教和家规，主持公道，解决纠纷，维护宗族内部团结等。遇事民主协商，决议后族长或寨老负责施行。而最能体现这种权力和约束力的就是通过议事制定的习惯法和乡规民约。

布依族的习惯法起源于母系氏族社会向父系氏族社会过渡时期，最先只是某一家族内部为了解决家族内部纠纷的简单约法。在传统的布依族社会中，习惯法与各种道德习俗均属于行为规范的范畴，但二者又有所不同，道德习俗主要是通过社会舆论和内心谴责来保证其道

德行为规范的实施，而习惯法则是通过带有强制性的手段实施社会控制，维护社会秩序。

布依族社会在不同的历史时期，都存在着不同的习惯法。从不成文的“古规”、“古法”到明文规定的“告示”、“公告”、“公约”、“乡规民约”等都是布依族的习惯法规。习惯法是布依族社会中最重要的社会意识，自古以来对布依族社会生活影响极大。作为一种行为规范，它是实施社会控制、维护社会秩序的强制性手段。

布依族的习惯法涉及社会生活的各个领域，但从内容看，用当代法律语言来说，大致可分为民事和刑事两个方面。在民事上，有关于婚姻、家庭、财产、生产生活、社会伦理等方面的明确规定。例如，婚姻方面宗族内部禁止通婚，实行族内婚姻，姑表优先婚配等；财产的获得方面必须是通过继承祖传、个人劳动、交换买卖、嫁妆彩礼等正当的渠道所取得；生产生活方面，各户种植庄稼各管，不得乱放牲口践踏，田土不让丢荒，山林不准乱伐，不准摘瓜偷笋，不准放火烧山，不准偷牛盗马，不准夺人田地等；社会伦理方面，要求父子、夫妇、兄弟、朋友各守五伦，各尽其道，各尽其诚，要求处邻里而和乡党，莫使愧心而昧骗，求宽怀以待人，富贵贫贱，红白会期，扶幼助老，邻里相帮，一境和悦，各方劝化，谨戒奢华等；在刑事上，对盗窃、赌博、抢劫、杀人、奸淫、窝藏盗匪、投敌叛变等方面都有明确规定。[①]

随着社会的发展，由宗族议事制逐步变成以地缘关系为基础的类似于部落议事会议的农村公社组织——议榔制就产生了。议榔制是由几个自然村寨组成的地域性的组织，小的包括一个或数个毗邻村寨，大的包括数十百个村寨。不分姓氏宗族，都可以参加，组织的最高权

① 韦启光，石朝江，赵崇南，佘正荣．布依族文化研究．贵阳：贵州人民出版社，1999：109、113.

力机构是议榔大会。议榔制一直延续到近现代，存在于布依族的基层社会中。它是组织布依族地区正常生产生活，保护劳动成果和生命安全，抵御外来欺压势力的社会基层组织，是布依族社会中议定执行习惯法的地区性政治、经济联盟组织。榔头或团首经选举产生，并有一定任期。一般由各寨寨老推选出候选人，然后由各户家长参加的榔团大会选举通过。榔头应具有较强的组织协调能力和指挥作战能力，如果不称职，群众有权要求召开榔团会议将其撤换。与宗族族长一样，榔头、团首也没有任何特权。平时各自参加生产劳动，遇事才召集会议裁决。

议榔会议由榔头主持，讨论议榔内有关重大问题，制定榔规、榔约。主要内容有保护财产不受侵犯，维护生产生活秩序，维护公共道德纲纪伦常，以及保卫集体安全和抵御外侮的具体措施等。榔规、榔约的订立是由榔头主持，群众民主协商制定的，体现组织内群众的集体意志和愿望，必须遵守，违者必究，具有较强的约束力。这种榔规、榔约都是布依族的习惯法。清代以前，这些规约主要是口头相传。清代中叶以后，汉文化进入民族地区，布依族人民学汉文、习汉俗，出现了用汉文书写的榔规、榔约。有的勒石立碑，有的写约为据。布依族聚居区就有了“安民碑”、“禁革碑”、“晓谕碑”、“联防合同碑”、“垂芳千古碑”等各种形式的乡规民约碑。这些碑约内容丰富，条款翔实，充分反映了布依族人民要求安居乐业、休养生息的强烈愿望。历史上，除了榔规、榔约之外，还有一种不成文的习惯法——神判法，通常被用来作为榔规、榔约裁决的补充。主要由布依族原始宗教的神职人员布摩来主持，神判仪式极其严肃，惩罚也极其严厉。一般在举行具体的神判过程中，都要邀请寨老、族长等共同参与协商惩罚的具体规定。神判形式有捞油锅、包粽粑、告阴状等。

历史上，布依族的习惯法对社会的管理和教育是很奏效的，在弘

扬优秀传统，伸张正义，压制邪恶，规范道德行为，促进社会安定发展方面起到了重要的作用。新中国成立以后，特别是党的十一届三中全会以来，为适应社会主义现代化建设和改革开放的需要，布依族习惯法中剔除了不符合时代要求和与国家法律法规相悖的条款，注入了许多新的时代内容，使其朝着社会主义民主法治、公平正义、诚信友爱、充满活力、安定有序、团结和谐的方向正确发展。这无疑对今天我们创新社会管理，构建社会主义和谐社会和全面推进小康社会建设起到积极的作用。

第七章

农耕经济　世纪高原

布依族高原水乡的农耕经济是以种植水稻为主的农耕经济。发达的稻作农耕生产方式和稳定安居的稻作农耕生活，不仅形成了布依族人民安天乐土的生活情趣，也建构了布依族高度发达的稻作农耕文化与文明。这种文明又以其较强的生态适应功能，促进了农耕经济基础设施和生产技术的不断进步。在创造发达的种植业的同时，也创造了辉煌的手工业和矿冶业。然而，历史的辉煌在新世纪的高原，同样面临着传统与现代、继承与转型的挑战。从传统农耕到现代农业和乡村旅游的发展，从山间古道、人挑马驮到四通八达的立体交通体系的形成，从手工作坊的织机之声到现代产业园区大型机械的轰鸣，从传统医药到民族特色药业的做大做强，无不彰显出新世纪高原水乡的大发展与大变化。

第一节　发达的稻作农耕经济

布依族稻作农耕文明的物质生产形态，其文化传统是我国南方最早栽种水稻的百越文化的传承。布依族居住地区由于自然地理条件优越，水利资源较为丰富，并且正处于东亚照叶树林文化带和东西半月

弧稻作文圈的中心地带，因此，稻作历史久远，作物品种较多，以种植水稻为主的农耕经济特色鲜明。

布依族素有稻作民族之称。布依族耕田、治田、善种水稻的历史悠久。清代《贵州通志》说："仲家，善治田。"布依族是最早从渔猎生活进入农耕生产的民族，其先民古越人早在六七千年前已把野生稻培育为水稻，有了水稻耕作农业。秦、汉时代，布依族地区的社会生产力已有了较大发展，农业生产已相当发达。唐、宋时代，布依族种植水稻的技术已达到相当高的水平。当时，布依族地区已经出现了大面积的、稳定保产的水稻田，耕作技术也有很大改进。[①] 从"（能）耕田，有邑聚"的史料记载和布依族地区出土的铁犁、铁锄等农具来看，均可得到足够证明。兴义出土的汉代陶制稻田模型，更表明当时已知兴修水利，筑坝蓄水，修渠灌溉，注重栽种技术，保持一定行距，保证旱涝保收和提高单位面积产量，种植水稻已经达到相当高的水平。

犁头　（周国茂摄）

布依族稻作农耕经济具有较强的生态适应功能，体现在它充分利用了河谷地带的水源优势和比较肥沃的冲积土壤，充分利用了适宜的气温、较长的日照、充沛的雨量等自然条件。正如《水经注》引《交州外域记》说："交趾未立郡县之时，土地有雒田，其田随潮水上下，民垦食其田，因名雒民。"这是布依族先民骆越人的发明，与四五千年的埃及人充分利用尼罗河的冲积土壤进行种植取得很好收成一样，布依族先民也是这样做的。他们充分利用潮水或河边的冲积平原，垦为农田耕种，今天在布依族地区还称河谷坝子的田为雒田，布依语为纳

---

① 尤中．中国西南民族史．昆明：云南人民出版社，1985：219.

洛，就是历史上遗留下来的痕迹。在长期的农业生产实践中，布依族发明创造了一系列水利灌溉方法和技术设施，根据江河、溪流及山川的地形、地势，修建堤坝、水塘或用竹筒水车、龙骨车引水灌溉。通过反复总结生产经验，逐步创制、改进农业生产工具和技术，如犁、耙、锄头、镰刀、挞斗、风簸等。精耕细作，把握农时，按季节播种、插秧，重视田间管理，甚至按稻田的不同情况分类对待，保障了较为稳定的收获，提供了种族繁衍所必需的食物供应。

生产工具 （周国茂摄）

布依族在稻田耕作技术上积累了丰富的经验，历来重视按季节播种、栽秧，注重田间管理。例如，在稻田的分类、耕种、施肥、选种、灌溉等都有独自一套传统的生产方式和方法。布依族把田分为：滥田、水车田、堰田、冷水田、塘田、井田、梯田和腰带田等。耕种时，犁田掌握一定深度，一般水田为 4～5 寸，干田 3～4 寸。耙田要平，使田水变成泥浆方可。然后用专制的榔板筑田埂，或用水锄糊田坎，使田水不漏。水田一般 2 犁 2 耙或 1 犁 1 耙，即可栽插秧苗。历史上施用

的肥料是农家肥，在施肥技术上，挑粪栽秧等技术至今还在运用。“冬粪肥田又肥秧，春粪肥秧不肥田”，“以粪养田，以田养秧”，就是这些经验的总结。

布依族种植水稻，对选种有严格要求。一般在稻谷熟透未开割前，于傍晚露水且日晒不烈时到稻谷长得最好的田选取好的谷穗，连穗基一起捆成把，单独晾晒单独保存。有的地方在插秧前再作一次筛选，方法是：在水缸中渗入一定比例的黄泥巴和清水，搅到一定浓度，将谷种倒入泥水中搅拌，在相应时间内，将上浮和只沉到半中的谷子提出，只留沉底部分作种子。播种，在秧田经犁耙平整后，均匀播种。秧种发出二分芽时，放水“晒秧”一天，继而再放水入田，待秧子长高七八寸时可以扯出移栽。过去，每年到插秧之际，有的地方还要举行隆重的开秧仪式，由寨子中德高望重的男性长者先插第一把秧。

用作撒秧的稻田，一般先施牛圈肥，后施秧青肥，如青草、艾蒿、嫩藤等，浸泡一段时间，翻犁翻耙之后就可播撒种子了。晒秧后又施人粪肥。普通稻田先施牛圈肥和猪圈肥，后施秧青肥，犁耙将肥埋烂后插秧。对部分望天落雨田，为了消灭虫害和增强肥力，还要施石灰。水稻含苞、扬花时各一次，施放人粪肥。自20世纪70年代以后，追肥已多改用化肥了。

在水利灌溉方法上，最普遍也最具特色的是竹筒水车灌溉和龙骨车灌溉。竹筒水车是利用湍急的河水推动车轮，汲水而上。其构造是以竹子为骨架，编造成巨轮形状，直径一般都在一丈以上，轮轴用木材制成，然后将车轮安置在河滨木架上，利用水力推动车轮转动，转动时，竹筒轮流淹于水中汲水而上，倾入木槽，水即由木槽流入田内。如此反复运转，河水源源不断灌入田中。竹筒水车一般每天可以灌溉十余亩稻田，引水高度在1～2丈。这种灌溉方法，对箐沟、溪流两岸的稻田有很大的优越性。居住在河谷、平坝地带的布依族，大都修建沟渠引水灌溉。在清代，布依族河谷、平坝地区修建的沟渠已长达两三里，能灌溉数百亩稻田。①

在传统的耕作文明中，布依族稻作农耕经济的物质生产方式远比山地耕作的方式优越。稻作农耕与自然系统保持着长久的和谐关系，对生产主要的食物资源的生态适应是比较成功的，它基本上保护了资源系统，在充分利用各种自然条件的同时，也维持了地力而使其不致退化，其发展潜力仍十分巨大，可以通过引入现代生态农业的科学技术和方法使这一悠久的传统发扬光大。②

第二节　辉煌的手工纺织业

布依族农耕经济除了以稻作农耕为主体的种植业外，还包括手工业、商业、矿冶业等产业的发展。布依族的手工业以纺织、制陶最为有名；矿冶业则以铁器、青铜的制作最为久远。尤其是清代乾隆、嘉庆、道光年间，布依族地区出现的纺织业的盛况，代表着布依族农耕文明发展的一个高峰时期。

作为一个勤于耕织的民族，布依族的纺织业历史悠久。明代（弘治）《贵州图经新志》说："仲家勤于耕织，善治田。"作为布依族世代流传下来的传统纺织工艺的手工业，是耕织结合的自然经济的典型。历史上布依族都是男耕女织，女孩子从小就学习纺织。平时是白天耕种，晚上纺织，农闲季节便是白天夜晚都在纺织。在布依族聚居的地区，几乎家家户户都有纺织机、纺纱机和染缸等设备，布依族妇女几乎都是纺织和刺绣的能手。纺织出来的布是布依族服饰、床单和其他

---

① 《布依族简史》编写组．布依族简史．贵阳：贵州人民出版社，1984：90.

② 韦启光，石朝江，赵崇南，佘正荣．布依族文化研究．贵阳：贵州人民出版社，1999：171.

日常生活用品的主要原料。布依族纺织工艺品种繁多，织成的布厚实、古朴、鲜明，以精湛的技艺和独特的艺术风格而闻名。产品有图案大方、生动形象、色泽鲜明、针脚均匀、质感强烈的特点，还有远观气势宏伟，近看出神入化的艺术效果。

布依布因质地优良，历来就有“盛水不漏”之说，有着较高的声誉。布依布不仅自给自足，还是献给朝廷的主要贡品。根据《元史·泰定帝本纪》记载：“致和元年，安隆寨（今安龙县）土官岑世忠籍其民三万二千户来附，岁输布三千匹。”《清朝续文献通考》记载：“泰定三年，八蕃（今惠水县）岩霞洞蛮来降，愿岁输布二千五百匹。”

随着布依族地区商业经济的发展，农产品商品化的程度逐步提高，手工业开始与农业分离，城镇商业也逐渐繁荣起来。明、清时期，在兴义、普安、贞丰等地区，种植棉花的农民不断增加，种植面积不断扩大。在安顺、都匀等地，从河南、湖北引进良种，促进了棉花生产。农民种植棉花不再是为了自给自足，而是为繁荣的纺织业提供原料。当时，安顺已是一个棉花纺织业较为发达的城市。据《安顺府志》卷一七记载：“各色俱全，郡民皆以此为业，城北犹盛。”纺织的五色扣布和顺布，驰名黔境。五色扣布有桃红、扪青、漂白、月蓝、官绿等色。尤其是紫米花色的蜡染布最受欢迎，其色红绿相间，染工以安顺为佳。此外，还有搭连布、花椒布、羊毛布、棉绒布等。在兴义、兴仁一带，男女尽力耕纺，布易销售，获利极多。兴仁城中，一千多户人家就有五百多张弹花弓，男女都能纺织。①

清乾隆、嘉庆年间，在布依族人聚居的兴义、兴仁、安顺、独山，荔波、册亨等地，纷纷出现这样一道盛景：在一个个村落，一个个城镇里，同时拥挤着数千架纺织机、数千人；一家家院落，一条条街道巷里都有纺织者；唧唧复唧唧，男女当户织，家家都趁着月光纺到深

---

① 黄义仁．布依族史．贵阳：贵州民族出版社，1999：182.

夜。据说两百多年前的贵州高原，凡有布依族人生活的地方，成年累月、朝朝暮暮都在回响着这种经久不息的织机之声，可以说是“机声比户相闻，络绎于午夜”。[①] 商品经济的发展使得城镇市场逐渐繁荣。安顺、兴义都是贵州棉纺织商品贸易中心。安顺城内设有三个棉花市场，一个土布市场。在兴义的黄草坝，湖北、四川贩运棉花的商人络绎而至，通商滇民以花易布者，源源而来。黄草坝成了川、鄂、滇三省棉花、棉布的集散地。兴义城内出现了有机头三架的手工作坊，还出现了大批的“包卖商”。

织布的布依族妇女　（杨兴斌摄）

在郎岱、平坝等地，出现了资本投资的棉纺织手工作坊，有的机房雇佣织工达数十人。道光九年（1829 年）贵阳城南山外设局纺织，从业者百家。布依族地区从小生产发展起来的民族工商业方兴未艾。而活跃在这些大大小小城市里的是络绎不绝的采购商队，他们近的来

① 《安顺府志》（卷一七）.

自百色、昆明、罗平、师宗，远的则来自重庆、汉口、上海、香港，统统为贩运布依布而来。当然，这些质地优良、闻名遐迩的布依布被贩卖到的远不止上述那些城市。布依布最后辗转被商人们远卖所至的地方，是让人无论如何想象不到的——那是遥远的印度、日本、英国、法国、波兰。日本人用布依族蓝白相间的柳条布、壁笆布制作和服，这两种布依布一时间在日本堪称畅销货。韩国人则喜欢布依族的桂花纹、辣花纹、花椒纹样布。这种钟爱绵延了一个多世纪，直到今天，荔波、独山、贞丰等组织布依布出口日本以及我国香港等地，深受外商欢迎。

这是布依族农耕经济高度发展时期的一段盛况、一段历史的缩影，也是今天布依族地区发展乡村旅游，以及民族文化产业值得深入挖掘和开发的弥足珍贵的民族传统文化资源。

第三节　现代农业的发展

尽管在传统的农耕文明中，布依族的稻作农耕生产方式显示出较山地农耕生产方式的优越性，处于相当发达的阶段。但是，由于历史和时代的局限，从总体上说还是低水平的发展。正如《布依族文化研究》中所说：以农为本的传统社会生产力的性质决定了狭窄的劳作样式和低质的技术水平，在生产活动中物质和能量流通的数量较小，转化率也很低。在以种植粮食作物为基础的传统农业中，大多数农业生产技术都围绕这个基础发展而来。如犁耙、锄头等生产工具的制作，土地轮作、休耕和田间管理的技术，水利灌溉的设施和方法，按季节播种插秧和田间管理等，几乎都是经验形态的农业实用技术，而非专门化的经过精心研制的科学形态化的技术，且人力和蓄力仍然是农业生产和物品加工的主要动力。[①]

在现代农业的发展中，布依族农耕经济的发展面临由“资源依存型”向“科技依存型”，由“传统农业”向“现代农业”的转变过程，面临依靠科技进步推动农业发展的艰巨任务。从20世纪50年代初期起，布依族地区就开始了农业实用技术的推广应用，主要是选育推广优良品种，实行先进的耕作制度和栽培技术，改造中低产田和进行病虫害防治。党的十一届三中全会后，布依族地区农业技术的推广得到进一步加强，特别是“七五”时期，中共贵州省委、贵州省人民政府提出向科学要粮，实施科技兴农战略后，加快了农业科技推广的步伐。广大布依族地区积极把科技兴农作为农村科技工作的首要任务，大力抓好农业科技成果和农业实用新技术的推广应用，针对农业生产中的关键技术问题进行科技攻关，把农业科技成果转化为生产力，增强农业生产发展后劲，推动农村商品经济的发展。广大农民的科技意识增强，科学技术在农业中得到较为广泛的运用。在种植业上，以推广农作物优良品种、模式化栽培、塑料薄膜覆盖以及耕作制度改革为重点，大面积推广杂交水稻、杂交玉米、杂交油菜以及水稻两段育秧移栽、旱地分带轮作和玉米营养块育苗移栽。围绕科技兴农实施的丰收、星火、燎原等计划和四个百万亩粮油高产示范工程、四个百万亩温饱工程以及一批技术先导型的农业综合开发项目、商品生产基地建设及其他专项工程获得成功，农业适用技术推广由零星的、单项的、分散的向连片、配套、集中的方向发展，由中心地区、坝区向边远山区发展。

“十五”期间，布依族地区积极依靠科技进步，优化农业和农村经济结构，促进农业生产由粗放经营向集约经营转变，由传统农业向现代农业转变。杂交水稻、杂交玉米的推广面积大幅度上升，农业科技

---

① 韦启光，石朝江，赵崇南，佘正荣．布依族文化研究．贵阳：贵州人民出版社，1999：166.

推广进一步取得突破。主要表现在以下几个方面：一是以良种良法栽培和推广农业技术的科技型农业，主要有粮、油、烟作物优良品种及其丰产栽培，农作物地膜育苗、反季节蔬菜地膜覆盖生产、烤烟烘烤技术等。二是优势农作物、经济林木、干水果、中草药、珍稀动物栽培（饲养）管理、加工、贮运、保鲜等特色农业资源开发。三是科学补水灌溉、微流域综合治理、节肥型种植、土壤改良与水土保持耕作等资源节约型配套技术利用。四是沼气开发利用、农村生物秸秆多次综合利用等农村清洁能源技术推广。五是农产品产销市场信息收集、整理、加工、传播、吸收、应用等农业经营管理技术运用。

“十一五”时期，贵州省进一步加大农业实用技术推广力度，重点推广水稻旱育稀植、玉米育苗移栽、双低油菜免耕栽培、脱毒马铃薯高产栽培、平衡配方施肥、病虫害综合防治、优质农产品无公害生产、农业信息技术应用、农作物及畜禽水产标准化生产示范等一批成套农业实用技术，提高技术到位率和推广覆盖率。在黔南、黔西南等布依族聚居地区，围绕农业增效、农民增收和精品特色农业发展，重点突出了“六个加强”，实施了“五个重大农业科技行动”。“六个加强”，即加强农业科技自主创新，加强农业科技成果转化，加强高新技术的应用，加强农业科技投入，加强农业科技队伍建设，加强农业科技平台和基础设施建设。“五个重大农业科技行动”，即农业种质资源创新科技行动，粮、油、烤烟优质丰产科技行动，生态畜牧业发展科技行动，精品特色农业发展科技行动，新型农民科技培训行动。这些措施有力地推动了布依族地区现代科技型农业发展。

2007年中央1号文件——《中共中央 国务院关于积极发展现代农业扎实推进社会主义新农村建设若干意见》中，提出了建设现代农业就是“要用现代物质条件装备农业，用现代科学技术改造农业，用现代产业体系提升农业，用现代经营形式推进农业，用现代发展理念引领农业，用培养新型农民发展农业，提高农业水利化、机械化和信息化水平，提高土地产出率、资源利用率和农业劳动生产率，提高农业素质、效益和竞争力”。在农业现代化建设中，科技园区的发展模式得到进一步的加强和推进。

黔西南布依族苗族自治州，兴义特色农产品工厂化生产及加工农业科技园区，由兴义市两江绿色食品有限责任公司组织实施，在橘山街道办事处的杨柳、永兴、八一、双凤4个行政村和国营兴义果树农场结合部建立一个面积1010亩的核心区；在桔山办的八一、新建、永兴、橘园、丰都、普子、龙塘、杨柳8个行政村建立5000亩的示范区；在兴义市周边的县、乡镇建立3万亩的辐射区。核心区分为“三园一中心”，即特色农产品工厂化生产园、特色农产品加工园、特色蔬菜展示园和科技服务中心。园区建设的目的是重点示范、推广、应用双孢蘑菇工厂化生产技术，石斛集约化栽培技术，蔬菜无公害生产技术，果蔬病虫害综合防治技术，蔬菜规范化栽培及高效接茬模式技术，本地特色蔬菜高效、立体栽培技术，蔬菜采后处理及加工技术，蔬菜产销信息化网络技术等，该园区总投资700多万元。

火龙果产业化种植　（罗剑摄）

黔南布依族苗族自治州，独山外向型特色蔬菜农业科技园区，是以突出贵州南部外向型蔬菜产业为目标的重要园区。通过科技导入农业先进适用技术，探索新的管理和经营模式，提高蔬菜产业科技含量，提高蔬菜产品质量，提高种植水平，增强蔬菜产品市场竞争力，把独山培育成为贵州南部蔬菜产业重要基地，辐射带动周边蔬菜产业实现跨越式发展。

安顺绿色生态畜禽农业科技园区，以绿色、生态、安全等现代农业可持续发展为目标，重点建设现代畜禽禽蛋生产基地、生态循环绿色畜牧科技示范基地、新技术新成果研发和转化基地、现代生态畜牧业新型农业科技服务基地。在园区打造产前、产中、产后全流程的安全、绿色、生态的畜禽产品产业链，将安顺绿色生态畜禽农业科技园区建成贵州喀斯特地区农业现代化、产业化、标准化的优质、高产、生态、绿色、安全农产品生产与加工的农业科技推广基地，推动农业科技水平的推广普及提高，带动农民增收。

第四节　四通八达致富路

故乡的青石板路/不知已走过多少代人/在我的记忆里/那负重的石级已失去了/明显的阶梯/记得每天清晨/挑水的人们总是将泉水/浪洒在磨满岁月痕迹的青石板上/那石板的凹陷处/有人的攀登/牛羊的登踩/马帮的蹄击/哦，故乡的青石板路/我爷爷走过，我父亲走过/我也曾走过的青石板路。

——罗剑《故乡的青石板路》

历史上，布依人就是凭一条条弯弯曲曲的青石板路，连接村村寨寨；就是凭一条条弯弯曲曲的青石板路穿过田园阡陌，通过山脉丛林，走上南来北往的古道，连接山外的世界的。青石板路是布依水乡连接外界的交通命脉，而通往外界的车马古道、舟楫桥梁成为古代布依人出行和与各民族交往的交通设施和方式。

一、古道交通

秦汉以后，随着王朝势力的推进，在西南夷地区开道置吏，汉文化和先进生产技术的传入，对西南地区经济文化的发展起到了重大的影响，使贵州乃至大西南的开发、进步和发展发生了重大转折，对布依族先民的发展进步提供了有利条件。

由于西南各民族的贸易往来，中原王朝开边拓土，民族间的迁徙、战争、移民戍边等一系列社会文化动因，致使围绕或以西南这个巨大的三角地带为中心，开通了僰道、五尺道、西夷道、南夷道、石门关道等重要的古道。

远在秦以前，一些蜀、楚商人已在西南崇山峻岭之间踏出了通过夜郎的入滇通道。这条通道由楚地经巴蜀、夜郎入滇，再经滇越（腾冲）、唐（保山）、叶榆（大理）进入缅甸、印度。战国时期，楚将庄蹻经略西南夷地区，就是经夜郎而入滇的。庄蹻将兵循江而上进入夜郎，灭且兰。且兰在今沅水支流巫水的上游，至今仍可通航，正位于由沅水通滇的要道上。庄蹻从且兰登陆，经贵阳渡牂牁江（今北盘江），过夜郎入滇。

秦灭蜀，李冰为蜀郡郡守，开凿“僰道”。修整了南安（今乐山）沫水（大渡河）与岷江汇流处的通道，使成都至宜宾的水道通行无阻。常璩《华阳国志》云：“僰道南有八亭，道通平夷。”公元前 221 年，秦统一六国后，派常頞修五尺道。但此道随秦灭亡而荒废。汉武帝时，派唐蒙开南夷之道。据《华阳国志·南中志》记载：“武帝初，欲开南中，令蜀通僰、青衣道。建元中，僰道令通之，费功无成——使者唐

蒙将南入，以道不通，执令，将斩之——蒙乃斩石通阁道。后蒙为都督，治南夷道。”接着为了控制南越，于是“发巴蜀治道，自僰道指牂牁江”。

五尺道的地点按《括地志》和《安顺府志·牂牁夜郎二国本末》说法：“在朗州时，则自遵义南出之道”；一说是从四川宜宾开始，经高县、筠连、盐津、昭通折入贵州威宁，再入云南宣威到达曲靖。《兴义府志》则认为是从叙永经毕节、水城、郎岱、镇宁、永宁、贞丰而达红水河。曲靖为历代兵家商旅所必经之地，也与贵州西南地区关系密切，同为“南中”之地，汉“朱提道”、唐“石门道”均经过此地。西汉元封二年（公元前 109 年）滇王归降，以滇池为中心建立益州郡。由此向东可达牂牁、夜郎，向西可达缅甸、印度，形成了后来的“南丝绸之路”。[①] 三国时，诸葛亮于建兴三年（225 年）率众南征，由成都岷江而下经武阳至僰道（今宜宾），然后兵分三路：亮入越，李恢向益州，马忠伐牂牁。军队所过之处逢山开路，遇水搭桥，促进了西南古道的进一步畅通。

二、桥梁舟楫

明清时期，驿道已开通到各县。跨越江河、险关的地方，还修建有石桥、铁索桥等以供通过。

著名的北盘江铁索桥，始建于明崇祯元年（1628 年），坐落在今晴隆县城东 25 公里与关岭布依族苗族自治县交界的北盘江上，跨北盘江连通黔滇古驿道保甸铺至新铺段。用 19 根长 28 丈 280 个铁环扣成的大铁索牵引而成，有黔滇道上的“锁钥”之称和“一江锁钥”、“天险能挡百万兵”之说。此桥之险峻，清康熙年间贵州巡抚田雯曾描述为：

---

① 黄义仁．布依族史．贵阳：贵州民族出版社，1999：59.

"粘天拔地山搓桠，下有黝潭龙所见，捷攫飞鸟不敢渡，庄蹻瞠目空咨嗟。巧锻长经三十六，东西穿鼻贯石腹，蝃蝀屹立体横陈，直使天堑作平陆。"

花江铁索桥，修建于清光绪十六年（1890年），坐落在贞丰城北45公里的北盘江上，跨江连接贞丰州经林用铺、者相铺通往花江铺古驿道。桥长71米、高35米、宽3米，用每根262个铁环扣成的14根铁链牵引而成，用木枋铺成桥面。另有22根铁链组成桥栏，以供通行。气势雄伟，有"两岸是绝壁，履江岸仰望，帽落而不见山岭，俯视则目眩，而不穷其水际"之说。此外，还有普安楼下河铁索桥、兴义黄泥河铁索桥等。①

六广河大桥 （罗剑摄）

石桥是布依水乡最常见的一种，从最为简便的"跳石"、"石板桥"到各式各样的石拱桥，处处皆是。跳石是一种人们为了过河，在河水

① 贵州省地方志编纂委员会．贵州省志民族志．贵阳：贵州民族出版社，1999：181、182.

浅显处根据步伐等距置石，让人们踩石而过的方法。石板桥是在小河、小溪之间用长条石块相搭而成。用石料作为主要建筑材料建成的石拱桥，相对较为复杂。布依水乡的石拱桥大小不一，形式风格特色也是多种多样，有的还是年代久远历史悠久的古桥。

《史记·西南夷列传》载，“道西北牂牁江，江广百余步，足可行船”，是夜郎国至南越国都番禺（今广州市）的水上通道，这是布依族地区水上交通最早的记载（牂牁江即今黔西南的南北盘江、红水河）。古时，布依族地区的水上交通线还有黔南的沅水、蒙江都柳江等。水上交通工具主要有竹筏、木筏、梭船、木船等。筏有简易和固定两种，固定的竹筏或木筏由数十根大竹或树木并排而成，打眼穿入横闩，使用时间较长。梭船一般用一根长丈多的整木挖凿成舟船，船身窄而细长，两头尖，如梭状。木船比梭船大，一头尖一头平，有的船上用竹席搭成棚，适应于远程运输和载客。近代以来，拖轮和机轮都是机械动力轮，除船家自己买机器来安装外，一般都有船厂生产。[①]

三、商贸与城镇的发展

唐蒙两次进入夜郎，打通夜郎道，开设邮亭、驿站等，对夜郎地区的开拓发展，以及商旅往来有着积极的意义。一方面，从巴蜀地区传入先进的生产工具和技术，推动了夜郎地区经济文化的发展；另一方面，夜郎地区的僰僮、筰马、髦牛、蒟酱、雌黄、丹砂等输入巴蜀地区，使卓氏、郑氏、程氏等商户发了大财。正如司马迁所说：“农工商交易之路通，而龟贝金钱刀布之币兴焉。”有交通则有货物交换，有货物交换而产生货币，进而促进各业的发展。[②]

① 贵州省地方志编纂委员会．贵州省志民族志．贵阳：贵州民族出版社，1999：181、182.

② 黄义仁．布依族史．贵阳：贵州民族出版社，1999：61.

可见，布依族居住的牂牁江地区，最迟在秦汉时期已成为贵州对外贸易的商业通道。直至近代，贵州未通公路之前，牂牁江（今南北盘江、红水河）仍是贵州重要的水上贸易走廊。其著名的江边码头有贞丰的百城、望谟的蔗香、板城等。每逢场期，码头商船排成队，从岸边至江心延绵数里，商品贸易非常活跃。贵州内地的布匹、药材、马匹等特产，沿海一带的鲜货、干货及工业品如"洋纱"、"洋油"、"洋烟"等源源不断运至布依族地区。云南商品也多经此地输送到沿海一带。当时商品贸易之繁荣，从今天江边码头保留下来的一些诸如广州商号、柳州商号、湖广商号等历史遗存就可见一斑。

宋、元时期，因连年战乱，朝廷急需用马，而北方市马不易，今布依族地区遂成为朝廷买马的重要市场之一。由此形成两条新的商贸通道：一条是自云南至黔西南到广西的特磨道；一是自四川至黔西北至黔南都匀、独山南下广西的通道。故《宋会要辑稿·买马》说："广西买发刚马，多产自西南诸蕃、罗甸、自杞诸国。"《元史·世祖本纪十四》记载："至元二十九年，减金竹酋长所部贡马。"《元史·泰定帝本纪》记载："致和元年，安隆寨（今安龙县）土官岑世忠籍其民三万二千户来附，岁输布三千匹。"这说明马匹、布依布不仅是当时社会的主要商品，也是布依族地区献给朝廷的贡品。①

明、清时期，布依族商品经济得到了进一步的发展。一方面，内地汉族不断涌入布依族地区，明太祖朱元璋派大军征服西南后留兵镇守交通沿线，并设立卫所以镇之，不少卫所治地发展成为当地的商贸城镇；另一方面，布依族在历史上形成的沿江河流域择平坝丘陵而居的格局，使近代贵州交通和经济比较发达的地区，多是布依族居住。这些地区随着商品经济的发展，农产品商品化程度逐步加强，手工业

① 贵州省地方志编纂委员会．贵州省志民族志．贵阳：贵州民族出版社，1999：176～177.

开始与农业分离，城镇商业也逐步繁荣起来。特别是手工纺织业的兴盛带动贵阳、安顺、兴义、安龙、新城、都匀、独山等城市商贸的发展。当时，清政府在贵阳、安顺、普安等地收税，每岁一万金。安顺不仅是贵州棉纺织贸易中心之一，还是贵州西路百货的集散地。城内设有五个专业性市场，即三个棉花市场、一个布依布市场、一个粮食市场。城中经营布业的商号有80余家，阛市宫室，皆宽敞壮丽，贾人云集，远胜贵阳。兴义则是棉花、棉布和百货的集散地。因“其境地西接滇，南倚粤”，故湖北、四川贩运棉花的商人络绎而至，通商滇民以花易布者，源源而来，当地则机杼遍野。到此经商最多的是江左、闽、粤之人，货物以“吴绸、粤棉、滇铜、蜀锦”为主，“物钱用秤以斤两计，十斤曰一秤，七斤曰一串”。贵阳作为布依族分布区的城市，既是全省政治、经济、文化的中心，又是商业中心。当时的棉布、药材、丝绸、山货、食品、百货等都经贵阳转运到外地。

现在，贵阳作为贵州省的省会城市，全省政治、经济、文化的中心，已是我国西南地区重要的中心城市之一、西南地区重要的交通枢纽、工业基地及商贸旅游服务中心。布依族地区的商贸及城镇化建设发生了翻天覆地的变化，金融、保险、信息、房地产、物流、文化、旅游、商贸、餐饮等第三产业发展加快。“十五”时期，布依族地区的流通体制已基本完成了从计划流通体制向市场流通体制的转变，流通领域逐步建立起适应国民经济发展，以公有制为主体，多种经济成分、多种经营方式、多种流通渠道的商品流通体制。进入“十二五”时期，布依族地区的商贸流通业总量和速度稳步增长，第三产业比重逐年上升。

城镇建设日新月异，在工业化、城镇化、农业现代化“三化”同步战略带动下，贵州走出了大中小城市和城镇协调发展的山区特色城镇化道路。2011年，全省城市化率从27.5%提高到35%，贵阳市城镇化率达到65%，城市人口、城市规模5年增加了1倍。布依族聚居地区黔西南布依族苗族自治州城镇化率从20.6%提高到30%，黔南布依族苗族自治州的城镇化率提高到33.5%，都匀市正朝着百万人的大城市迈进。贵定县“不离土不离乡”的城镇化发展模式，有效地解决了近年来由于金融危机影响农民工回乡就业、就地就业的问题；围绕城镇化，就地转移农民，消除了“城乡二元”结构的壁垒，打破了阻碍城镇化发展的不合理因素。中华布依第一村——音寨，通过发展乡村旅游有效地促进了当地农业的产业化经营，带动了农副产品、民族手工艺品加工、交通运输、房地产等相关产业的发展。通过布依族文化和“金海雪山”乡村旅游的成功打造，引来了大量的人流、物流、资金流、信息流。让城里人到农村来消费，实现了城乡的交流和沟通，增加了农民的收入，壮大了乡村发展的实力，带动了第一产业，推动了第二产业，拉动了第三产业，优化了农村产业结构，促进了乡村经济的良性发展。

四、现代交通

新中国成立后，人民政府非常重视布依族地区的交通建设和发展。特别是改革开放以来，布依族地区的交通基础设施建设更是取得长足的发展，形成了以公路、铁路为主骨架，辅以航空、水运等其他运输方式相配套的四通八达的立体交通运输网络格局。例如，黔南布依族苗族自治州，在“十一五”期间，全州改扩建高速公路297公里，完成投资183亿元，建成通乡油路1251公里，新增79个乡镇通油路（或水泥路），乡镇通油路的比率达到93.78%（全州仅有15个乡镇未通油路）；建设通村公路6356公里，新增919个行政村通公路，行政村通公路的比率达到98.3%（全州仅有25个行政村未通公路）。实施县公路危桥改造1389延米/35座，实施通村公路桥梁项目共4205.3延

米/138 座。“十一五”期间，全州在积极争取资金加大交通基础设施建设的同时，还积极配合上级有关部门建设陆路、水路、航空立体交通网络。黔桂铁路扩能改造、贵新公路都匀至新寨段改扩建全线通车，厦蓉高速公路通车，荔波机场建成通航。罗甸羊里、八总码头，瓮安江界河码头等项目相继启动，黔南成了西南地区名副其实的出海大通道，陆路纵横交错，水路通江达海，形成了以交通干线沿线市县为“轴”、以沿线城镇为“点”的水、陆、空三位一体的新交通格局。

2011 年，黔南州高速公路建设更是驶入了发展快车道。惠水至兴仁高速公路（黔南段）完成投资 8.64 亿元，瓮安到马场坪高速公路完成投资 9500 万元，驾欧至荔波高速公路、惠水至罗甸高速公路、贵阳至惠水高速公路、独山至平塘高速公路先后开工。全州涉及“县县通高速”公路的项目全部开工建设，全年完成农村公路建设项目共 115 个，总建设里程 986 公里。其中，通乡油路项目 14 个，总里程 270.1 公里；通村油路项目 70 个，总里程 534.7 公里；通村公路项目 31 个，总里程 182.4 公里。

关岭坝陵大桥　（马启忠摄）

黔西南布依族苗族自治州，在全省交通建设的盘棋里，正奋力跟紧全省交通建设的“加速”步伐，奏响打破交通瓶颈的强音，初步形成“高速出州、二级通县、油路通乡、村村通路”，集公路、铁路、水路、航空、管道“五位一体”的水陆空立体交通网络格局。

第五节　科技之光

布依族是一个崇尚理性、尊重科学的民族，在长期的生产生活实践中，均有发明和创造。科学技术涉及生产生活的方方面面，布依族均在稻作农耕、纺织印染、酿酒、冶炼、天文历法、医药等方面均作出了突出的贡献。

一、天文历法

布依族古代天文历法知识是布依族及其先民对太阳的升落、月亮的圆缺、物候的变化、寒暑的交替等天象、气象、物象以及声象的长期观察和总结。其发展大致经历了三个阶段：第一阶段是以图像历法的原始历法阶段，如古代岩画中的“物候历法”图像；第二阶段是以类似天干词语纪年、纪月、纪日、纪时，出现“以十一月为岁首”的历法；第三阶段吸收了中国传统农历历法，发展为“一年十二个月”的历法，由原先农历十一月过“年节”逐步改为农历十二月“过大年”，但仍保留农历十一月过“年节”的习俗，称为“过小年”。

布依族天文历法的历史十分久远，除了广西花山崖画中含有古越人的历法内容外，在贵州布依族地区古代岩画中也有物候历法图像，如开阳县的画马岩画、关岭县牛角井岩画、长顺县的付家院红洞岩画、六枝花洞岩画、花江的马马岩画、贞丰县的七马图岩画等。这些岩画经有关专家考察研究表明，同布依族的关系最大。岩画中除了有布依

族的服饰装束以外，还有物候历图像，这些图像系布依族先民记录季节变化的符号，其中的飞禽走兽面朝许多形若太阳、星辰的图像，与布依族古歌《蛋魂歌》所唱的内容大致相符。

1. 对宇宙空间的认识。

布依族先民认为天像一把无柄的伞，地似一个圆形的球体，天地各有十二层，布依族古歌《十二层天 十二层地》唱述了不同的天层和地层，反映了布依族天地多层的观念。把星星分为三种：大而明亮的形体，小而明亮的星体，光亮模糊的星体。凭肉眼观察，以星体大小、明暗来对星星进行分类。并按方位、形状、颜色以及动物名称来给各星座命名，如河上星、带尾巴星、红星星、黄星星、犬星、虎星、牛星等。把流星称为“浪哨星”（谈恋爱的星星）。根据月的阴晴圆缺，把一个月的时间分为三个阶段：月初黑、月中亮、月末黑。对月食现象，布依人认为是月亮被天狗吃了，布依族民间也有天狗吃月亮的传说。过去，碰上天狗吃月亮时，全寨的人都要跑出来敲打各种器械进行追赶。有的民间艺人还可以根据历法推算出月食的具体时间。对日食现象，布依人则认为是太阳神在喝水。

2. 对宇宙空间的测定。

布依语中没有东、南、西、北的概念，只有上、下、里、外的方位概念和称谓。对宇宙空间的方位有两种测定方法。一是四方测定法。把居住地定为中心点，面朝太阳升起的方向，日出方为外，其相反方向为里，日出的右方为上，左方为下。二是把宇宙空间当作一个圆周，以所站的地点为中心，把圆周分为 12 等分，粗分为 12 个方向，每个方向约占 30°角。若要细分，则以每方位 10°角。12 方位以卯方（日出方向）为起点，按逆时针顺序分别为卯向、辰向、巳向、午向、未向、申向、酉向、戌向、亥向、子向、丑向、寅向。

3. 年历。

布依族年历不仅在历史发展的各个阶段有变化，而且在同一阶段的不同地域也不尽相同。例如，明清时期多数地区“以十一月为岁首”（郭子章《黔记·仲家》），定番州（今惠水县）“以十月望日为岁首”（康熙《贵州通志·蛮僚》），贵阳、安顺、南笼（今安龙县）诸府所属地区“以十二月为岁首”。现在，布依族历法把一年分为12个月，每月按月亮的圆缺、朔望来推算。每月29～30天，一年354天，3年一闰，5年两闰，19年七闰，闰年有13个月，384天或383天。与通行的农历大致一样。

每年按农历十二个月来称谓，但布依族语中的“月”，同时含有月份和季节之意。布依族的年历中没有春、夏、秋、冬四季之分，而是从不同的角度将一年分为不同的两个季节，例如，从劳作和农闲的角度，把一年划分为劳作（或农忙）的季节（一般为从播种到收割的时间，三月至九月），过年（或休闲）的季节（收割后到第二年春耕开始，十月至次年二月）；从气候变化的角度，把一年划分为温暖的季节（四月至十月），寒冷的季节（十一月至次年三月）等。

布依族将日、天统称为“完”，但在说那一日时，一般只说其数，不把“日”说出来。如初一、初二、初三、初四、初五、初六、初七、初八、初九、初十，数到十一，也不说“日”，仍说其数：十一、十二、十三、十四、十五……

记时方法一般有两种，方位记时和物候记时。布依族不仅用天干来标记方位，也用它来记录时间。物候记时主要是以鸡叫为标志，鸡叫一轮为一昼夜。如布依族古歌《鸡魂歌》唱到：第一次叫定子癸；第二次叫定丑时；第三次叫定寅甲；第四次叫定卯乙；第五次叫定巳辰，人们上山把地耕；第六次叫定午甲，太阳挂在天正中；第七次叫定未申，你母掉头钻进笼。酉、戌、亥3个时辰鸡不叫，倘若此时鸡

叫，布依族人认为这是反常现象，不吉之兆。[①] 布依族的天文观念与天文技术，历法对于丰富我国的天文历法技术及文化资源宝库，促进工农业生产乃至军事上的天文技术的发展有着重要的意义。

二、民间医药

布依族民间医药源远流长，主要是传统的草医、草药，它是布依族先民在长期与自然界反常气候、恶劣环境、疾病、伤害作斗争的实践中逐渐摸索和积累起来的医药知识。其中有许多方药对农村常见病、多发病、地区性疾病的治疗有很好的疗效，尤其是接骨、跌打损伤、疯狗咬伤、风湿病、妇科病、节育等方面的治疗更为出色。布依族医药的显著特点是医药一家、医护一体，防治结合，民族医药与中西医结合，医术与武术结合。布依族民间医生，一般都以务农为主，兼行医卖药。

1. 医疗习俗。

布依族医药受宗教及巫术的影响较大，掺杂了一定封建迷信的因素，民间有“巫医一家，神药两解”的说法。远古时期，布依族先民由于生产落后，生产力低下，缺乏对自然界及人类生理状况的科学认识，对许多自然现象如山崩地陷、自然灾害、疾病等无法解释，均祈求神灵庇护。布依族原始医药活动经历了漫长的岁月，由不知到知，由无意识到有意识，并在一定程度上相信天命，以祭祀鬼神、占卜祈祷等方法来预测吉凶，力求解决人类生活中遇到的许多疾病。在布依族地区，生病被认为与鬼神有关，是鬼在作怪。因此就产生了巫医这一职业，专门从事占卜和祭祀等活动，巫医文化也逐渐形成和发展。一般布依族寨子都有巫医。在布依族医药文化中，巫医文化占有相当

---

① 黎汝标．布依族天文历法探究．贵阳：贵州民族研究，1993（3）．

的比重，成为不可或缺的一个重要部分，跨越几千年的历史一直延续至今。家里有人生病，会请巫医做法事、念咒语、烧香纸等驱鬼敬神灵，再施以药物治疗，这种巫医行为，普遍成为村寨中的一种习俗。

明、清以后，随着汉民族不断进入布依族地区，布依族医药受到中原，尤其是汉族中医药文化的影响，同时也吸收了其他少数民族医药文化知识，布依族医药得到了很大的发展。逐渐从崇拜鬼神，信命巫术的桎梏中摆脱出来，对疾病的发生、发展、归因有了深一层的认识。诊断疾病开始用望诊、触诊和问诊等方法，力求对疾病辨证施治。望诊主要是对患者的全身情况、局部表现以及分泌物和排泄物进行观察；触诊是以手号脉，以及对病变部位进行触摸、按压、叩击、震荡等，通过手感来判断疾病的范围、程度与性质；问诊是通过询问患者或陪诊人，了解患者的自觉症状和疾病发生、发展及变化的全过程与其相关因素。治疗方法，除了常用的药物内服、外包、外擦外，还有滚蛋、刮痧、火针、油针、瓦针、酒针、化水、挑筋、药浴、热沙等。疾病分类从“三十六症”到“七十二症”，加起来有“一百单八症”之说。过去，布依族地区被称为“瘴疠之地”，在缺医少药的情况下，疟疾、天花、麻疹、回归热、伤寒等各种疾病的危害十分严重。布依族医药经过长期反复的实践，运用草药敷在患者脉搏穴位上，很快就能使患者痊愈。①

2. 用药习俗。

在长期的生活实践、观察、学习和摸索中，布依族医生积累了丰富的民间医药知识。布依族先民充分利用大自然中的动植物和矿物资源，随处采集，随处使用，使布依族医药长期根植于人民群众中，为大众所接受。从一个药物的布依语名称就可以判断它的类别、药用部位或特征，使其易于识别和使用，充分体现了布依族人民的聪明才智，

① 炉台，赵俊华，张景梅主编．布依族医药．贵阳：贵州民族出版社，2003：12.

具有鲜明的民族特色。布依族用药以居住地附近的药物为主，有的药只在当地的布依族医生中使用，这些亦成为布依族的特色药物，如石斛、苦楝子、万丈深、接骨木、散血草、果上叶、竹跟七等。有的药使用方法、药用部位、功效也与中药或其他民族药物有所不同。布依族民间用药 80％以上使用的是野生植物药，并且多以鲜药为主，如乔木、灌木、五倍子、天麻、杜仲、黄草等。通常是就地取材，需要时随采随用，很少进行贮藏。对于难以采集或野生较少的品种，采取在自家房前屋后加以引种栽培，以供需要时随时可用，既方便行医，也扩大用药范围。药物经过加工处理后再用的不多，加工炮制方法也比较简单，多数药物使用时仅需洗净、晒干、研细、捣烂、外敷或内服。常用的炮制手段也只是蒸、炒、烤、焙、磨、煅、飞、酒炙等。此外，还有部分药物来源于动物和矿物，如熊胆、麝香、雄黄等。布依族医药的发展离不开酒，酿酒的悠久历史，也推动了布依族医药的不断发展。布依族认为酒有强身健体之功，开脾壮胆之效，能助气血在体内营运，清污浊之气。适量饮酒有助于气血循环，强筋健骨。布依族医生用酒配伍各种动植物药，治疗风湿、湿痹等，效果良好。

3. 民间验方。

布依族民间验方是布依族人民在长期与疾病作斗争的实践中逐渐认识和积累起来的。由于布依族的宗教信仰和生活环境等因素，布依族的民间验方具有本民族的一些特点。布依族民间验方都不太重视方药配伍的固定规律，配伍灵活，也不太注重剂量的大小，因人而异，多以人的性别、体质、年龄而定，而且多用易找、药源广、种类多的药物，以鲜药为主，就地取材，需要时随采随用。例如，布依族地处高山河谷，常受毒蛇侵扰，布依族医生就用癞蛤蟆（两只），碾碎兑淘米水外涂患处治疗毒蛇咬伤；外出劳动，常失足造成骨折等伤病，就用爬岩姜、大血藤、接骨草等配伍，研碎外敷骨折处治疗骨折；用见血飞适量捶碎涂于患处治疗外伤或刀伤出血等。[①]

新中国成立后，随着各民族之间文化交流的不断加深和中、西医在少数民族地区的广泛推广，布依族医药也受到很大的影响，布依族医生把各民族医药、中西医药与布依族医药融会贯通，形成了具有自身民族特色的布依族医药，使布依族医药更加合理化、科学化。近年来，布依族医药已成为贵州发展民族特色医药产业的重要组成部分。贵州积极依托丰富的民族医药资源，发展以别具特色的中药、民族制药为主的民族特色医药产业，已研究开发出上百种民族药药材及其成方制剂，经国家批准已上升为国家级药品标准准予生产与走向市场，并已出现了一批立足贵州资源、功能独特、疗效确切、不良作用小及市场前景广阔的拳头产品，取得了可喜的社会效益、经济效益与生态效益。

---

① 潘炉台，赵俊华，张景梅主编．布依族医药．贵阳：贵州民族出版社，2003：618.

尾　声

风生水起

2005 年 2 月，胡锦涛同志在视察贵州省时指出，贵州正面临着全面建设小康社会和国家深入实施西部大开发战略的宝贵机遇，各族干部群众一定要进一步抓住机遇、用好机遇，坚持以科学发展观统领经济社会发展全局，努力实现经济社会发展的历史性跨越。

2005 年 2 月 8 日（农历大年三十），胡锦涛同志来到兴义市万峰林纳灰布依族村寨与村民们欢度春节。在村民岑继兴家中，胡锦涛同志兴致勃勃地同群众一起打糍粑，仔细了解全村村民生产生活的情况，向他们讲解党的支农、富农政策。听说岑继兴通过发展农家乐乡村旅游走上了致富之路，胡锦涛同志十分高兴。他祝愿纳灰村全体村民日子越过越红火，并指出："发展旅游业带动了农业产业结构调整，为种养业找到了市场，这样的发展思路符合实际。"

纳灰布依族村寨离市区只有 4 公里，是一个民族风情比较浓郁的村寨。村寨依山傍水，民风古朴，垂柳依依，古榕怀抱，一座座石桥横跨在纳灰河上，使峰林、古寨、古榕、古桥、八卦田和淳朴的民风联成了一幅如诗如画的天然山水长卷。风景秀丽的万峰林国家级景区，让纳灰布依族村寨拥有得天独厚的自然优势。万峰林，由近两万座奇峰翠峦组成，山峰密集奇特，气势宏大壮阔，整体造型完美，是中国西南三大喀斯特地貌之一。峰林神奇、秀美，绵延几十公里，几乎包含了锥状喀斯特地区的所有峰峦形态，其间还有河流、溶洞、漏斗、伏流，形成一道天下罕见的峰林画廊，堪称一座中国锥状喀斯特博物馆，被誉为中国最美的五大峰林。明代旅行家、地理学家徐霞客曾赞美说：“天下山峰何其多，唯有此处峰成林。”

自从胡锦涛同志来过纳灰布依族村寨以后，纳灰布依族村寨便闻名全国，很多游客来看万峰林，吃住都在村里，近一年多时间，村寨里的乡村旅游便红火起来了，“农家乐”餐旅馆生意一天比一天好。2006 年，全村共接待了省内外、香港地区、澳门地区以及东南亚各国的游客 50 余万人次，实现旅游收入 600 多万元，带动当地 500 多名贫困群众脱贫致富，该村农民人均收入达 2800 元。

实现贵州经济社会发展历史性跨越，就是全省人民生活水平实现由温饱到总体小康再到全面小康的历史性跨越。与全国同步实现全面建设小康社会的宏伟目标，这是中央对贵州的殷切期望，也是全省各族人民的共同愿望和根本利益所在。2012 年国发 2 号文件《国务院关于进一步促进贵州经济社会又好又快发展的若干意见》（以下简称《意见》），将位于祖国西南边陲的贵州省改革和发展，推向一个新阶段，为贵州又好又快发展吹响了号角。该《意见》将贵州的发展置于“全国一盘棋”中谋划布局，确立了到 2015 年接近西部平均发展水平，到 2020 年与全国同步实现全面小康的贵州发展目标，这一目标的实现，将有效缩小地区差距，推动中国区域协调发展再上一个新台阶。

近年来，贵州切实按照中央的要求，高举“发展、团结、奋斗”的旗帜，坚持科学发展，推动跨越发展，努力走出一条符合贵州实际和时代要求的后发赶超之路。坚持把抢抓机遇、加快发展作为主要任务，提出并落实“加速发展、加快转型、推动跨越”的主基调，大力实施工业强省和城镇化带动战略，同步推进工业化、城镇化和农业现

代化。以产业化提升农业、工业化致富农民、城镇化带动农村，以“三化”兴“三农”，提升了以工促农、以城带乡的能力。基础设施建设取得突破性进展，全省高速公路通车和在建里程从2002年的311公里增加到2011年的4703公里。西电东送有力支撑了煤炭、电力工业增长，实现东西部地区优势互补。2011年，贵州经济发展一路飙升全国前列，前三季度生产总值由2010年全国的第29位升至第3位，固定资产投资增速由第14位升至第3位，规模以上工业增加值增速由第29位升至第5位，一般预算收入增速由第10位升至第4位。统计数据显示，2011年，贵州生产总值实现5701.84亿元，净增1100亿元，增长15%，增速创1985年以来最高水平；全社会固定资产投资5101.55亿元，净增1915亿元，增长60.1%，净增1982亿元，创贵州改革开放以来的最高增速。

在全省上下你追我赶、竞相发展的态势下，布依族聚居地区加大了跨越发展的步伐，全力推进从传统农耕社会和农耕文明向现代工业社会和工业文明的经济社会转型。工业从无到有，从小到大，从分散到园区聚集的发展，可谓是翻天覆地的变化。黔南布依族苗族自治州完成了贵新高速都匀至新寨段改造，建成厦蓉高速黔南段和麻驾高速公路，高速公路通车里程从2006年的128公里增加到425公里。公路通车总里程从1.18万公里增加到1.53万公里，93.78%的乡镇通油路或水泥路，98.3%的行政村通公路，建成荔波支线机场；完成黔桂铁路扩能改造，修建红水河和乌江航运码头，贵广、长昆铁路客运专线黔南段建设稳步推进，形成黔南通江达海的海、陆、空立体交通大格局。随着交通瓶颈的根本打破，黔南布依族苗族自治州充分利用全国产业转移的大好机会，加大工业发展和招商引资力度，各县市的工业园区如雨后春笋般发展起来。全州共建设了17个产业园区（其中国家级1个、省级4个），入园企业494户，建成投产345户，实现产值

328 亿元。贵定卷烟厂、瓮福集团、川恒化工、永红食品等磷化工、烟草、特色食品产业成为财源建设骨干，实现规模以上企业 320 户，产值过亿的就有 97 户。例如，龙里县的龙山工业园区，面积为 16.21 平方公里，是以发展资源深加工、新材料产业及农产品深加工、木材深加工、食品及保健品加工等为主的产业发展园区。目前，园区已完成水、电、路、通信等基础设施建设，已有华润雪花啤酒、贵州恒力源、贵州宏康、贵州柏强等一批实力企业入住园区。用地 1000 亩，贵州最大、最具影响的板材家具产业园——贵州黔中家具板材产业园项目正在热火朝天的建设之中。

黔西南布依族苗族自治州充分发挥资源优势，将能源、化工、冶金、建材、农特产品加工、制药等产业列为发展重点，并提出了“西煤西用”、“西电西用”理念，大力推进煤电化、煤电铝一体化，进一步延长产业链，拓宽产业幅，提高资源附加值，并改变过去小、散、弱的产业布局，以产业园区为载体，培育核心企业和主导产业，推动企业向园区集中、产业在园区耦合。利用独特的交通区位优势，将工业园区与城镇建设和产业建设结合起来，采取“一园多区”、“一区多园”等方式，对园区进行科学规划，定位主体功能，明确主导产业。全州共规划建设了 14 个工业园区，产业涵盖机械制造、电子、能源、冶金、化工、建材、制药、服装、农特产品精深加工，以及煤电化、煤电铝一体化等领域。例如，兴义市郑鲁万工业园区，就是以铝液及铝制品加工、冶金、物流等为主导产业的工业园区。园区利用本地丰富廉价的煤炭资源和电力资源，重点发展铝液及铝制品加工产业，打造煤电铝一体化工业生态铝城。在“十二五”期间，园区的固定资产投资将达 200 亿元以上，实现产值 400 亿元，并奋力冲刺千亿元级园区。通过“十二五”时期的快速发展，黔西南布依族苗族自治州将建设成为全国承接产业转移、旅游休闲度假、民族文化保护和生态文明

示范区，西南腹地出海和连接东南亚的大通道，西江上游经济区的能源化工、原材料加工基地，贵州西部区域经济新的增长极，黔滇桂三省（区）结合部商贸物流中心和区域性经济中心。

昔日的山间古道，人挑马驮，如今已是天堑变通途。

历史上，“机声比户相闻，络绎于午夜”响彻庭院、街巷的织机声，如今已是现代产业园区、工业园区的机器轰鸣。

布依族，这个水一样的民族，这个有着悠久稻作农耕历史的民族，在当今现代化进程日新月异、巨变迭起、物换星移的社会文明转型时期，正努力追赶和融入快速发展、跨越发展的大潮，奋力奔走在与全国同步实现全面建设小康社会的征程中。

参考文献

1. 张天路，黄荣清主编．中国少数民族人口调查研究．北京：高等教育出版社，1996

2. 国务院人口普查办公室编．中国 2012 年人口普查资料．北京：中国统计出版社，2012

3. ［英］亚·莫·卡尔—桑德斯著，宁嘉风译．人口问题．北京：商务印书馆，1983

4. 《布依族简史》编写组．布依族简史．贵阳：贵州人民出版社，1984

5. 王传，李登福，陈秀英．布依族．北京：民族出版社，1991

6. 黄义仁．布依族史．贵阳：贵州民族出版社，1999

7. 中国科学院古脊椎动物与古人类研究所．中国古人类画集．北京：科学出版社，1980

8. 张光直．考古专题六讲．北京：文物出版社，1986

9. 蒙文通．越史丛考．北京：人民出版社，1983

10. 何光岳．百越源流史．南昌：江西教育出版社，1989

11. 中国第一历史档案馆，贵州省黔西南州民委编．清代嘉庆年间贵州布依族“南笼起义”资料选编．贵阳：贵州民族出版社，1990

12. 贵州省地方志编纂委员会．贵州省志民族志（上下册）．贵

阳：贵州民族出版社，1999

13. 何积权，陈立浩主编．布依族文学史．贵阳：贵州民族出版社，1992

14. 韦启光，石朝江，赵崇南，佘正荣．布依族文化研究．贵阳：贵州人民出版社，1999

15. 贵州省布依学会编．中国布依儿女名录．贵阳：贵州民族出版社，1995

16. 黔南州政协文史学习委员会编．布依英烈莫凤楼．贵阳：贵州民族出版社，2000

17. 黄义仁，韦廉舟．布依族民俗志．贵阳：贵州人民出版社，1985

18. 贵州省布依学会编．布依学研究（之一）．贵阳：贵州民族出版社，1989

19. 贵州省布依学会，黔南州民族事务委员会编．布依学研究（之二）．贵阳：贵州民族出版社，1991

20. 贵州省布依学会，安顺地区民委编．布依学研究（之四）．贵阳：贵州民族出版社，1995

21. 罗剑．毕节地区布依族．贵阳：贵州民族出版社，2004

22. 潘炉台，赵俊华，张景梅主编．布依族医药．贵阳：贵州民族出版社，2003

23. 周国茂．自然与生命的意义世界．贵阳：贵州教育出版社，2004

24. 贵州省安顺地区民族事务委员会，镇宁布依族苗族自治县民族事务委员会编．古谢经．贵阳：贵州民族出版社，1992

25. 杨子慧主编．中国历代人口统计资料研究．北京：改革出版社，1995

26. 王伟．布依族文化研究文集．贵州省布依学会北京学会组编印，2003

27. 尤中．中国西南民族史．昆明：云南人民出版社，1985

28. 宋蜀华．百越．长春：吉林教育出版社，1991

29. 周国茂．摩教与摩文化．贵阳：贵州人民出版社，1995

30. 喻翠容编著．布依语简志．北京：民族出版社，1980

31. 贵州社会科学院文学研究所，黔南布依族苗族自治州文研室．布依族民间故事．贵阳：贵州人民出版社，1981

32. 姜彬主编．稻作文化与江南民俗．上海：上海文艺出版社，1996

33. 黄镇邦，霍冠伦译．母祝文．贵阳：贵州人民出版社，2006

34. 李平凡，颜勇主编．贵州世居民族迁徙史（上下册）．贵阳：贵州人民出版社，2011

35. 贵州省民族事务委员会编．布依族文化大观．贵阳：贵州民族出版社，2012

后记

本书是国家出版基金资助的国家重点图书项目《中国少数民族人口丛书》中的布依族卷。丛书是国家新闻出版署亲自抓的重点图书，是一项重要的国家文化工程。受中国人口出版社之邀，我接受了布依族卷的写作任务。由于时间紧，2012年7～9月，我集中了三个月的时间，全力以赴完成此项工作。期间，我被抽调参与贵州省“解放思想、推动跨越”活动督导检查，我只好白天工作，晚上继续书稿的写作。为了支持我完成书稿，督导组组长我院党委常委、机关党委书记唐显良亲自承担了本应由我承担的督导工作报告和总结的撰写，让我感动不已。我爱人、儿子也在工作和学习的百忙之中，抽时间帮我完成部分文稿的电脑录入，使我能在较短的时间顺利完成写作任务。好友周国茂教授、陈玉平博士、黄晓研究员、马启忠先生，及广州集成图像有限公司和民族画报为本书提供了精美的插图照片。

在此书即将付梓之际，谨对唐显良书记、我的家人、朋友及有关部门的大力支持，表示衷心的感谢！

罗　剑

2013年5月18日

丁贵阳南明河畔